REDACCIÓN PARA ABOGADOS

MARÍA GODOY

REDACCIÓN PARA ABOGADOS

VALLETTA EDICIONES
2015

Godoy, María V.
Redacción para abogados. - 5a ed. - Florida : Valletta Ediciones, 2015.
195 p. ; 20x15 cm.

ISBN 978-950-743-356-6

1. Técnicas de Redacción . I. Título
CDD 808.02

Diagramación y armado: *Sergio Garófalo*

1ª edición: *marzo 2010*
1ª reimpresión: *enero 2011*
2ª edición: *febrero 2012*
3ª edición: *agosto 2013*
4ª edición: *mayo 2014*
5ª edición: *enero 2015*
1ª reimpresión: *abril 2015*

Hecho el depósito que marca la ley 11.723

Impreso en Argentina

Laprida 1780 (1602) Florida
Prov. de Buenos Aires - Rep. Argentina
Tel./Fax: 005411-4796-5244 / 4718-1172
E-mail: info@vallettaediciones.com
www.vallettaediciones.com

ÍNDICE

PRÓLOGO

Esta obra pretende generar y despertar ciertas inquietudes en todos los profesionales del Derecho; mejorar y perfeccionar las distintas expresiones, orales y escritas, al comunicarnos con el "otro". La reducción de vocablos utilizados, la utilización de vulgarismos, neologismos, extranjerismos y, en general, errores, algunos muy groseros, conforman un nivel en descenso que, en muchos casos, es alarmante en los distintos estamentos sociales. La interacción social alcanza e involucra a todos, por ello resulta descabellado pensar que los profesionales del Derecho permanezcan al margen, como si fueran simples espectadores y no miembros de esta sociedad. Pero es esperable que por su formación, jerarquía y trayectoria ocupen y se desarrollen en otro nivel. La profesión lo requiere. El desafío es pasar de la *potencia* al *acto*, ocupar un espacio distinto, subir algunos peldaños. Por ello, con el objeto de entregar un puñado de instrumentos o elementos que ayuden y provoquen un verdadero estímulo se presenta esta obra como un pequeño aporte a la actividad jurídica.

CAPÍTULO I

DERECHO Y LENGUAJE

Es importante analizar y circunscribir los conceptos en forma precisa y clara. Por ello es menester definir qué se entiende por lenguaje jurídico y más específicamente el lenguaje normativo. "El lenguaje que se usa para actos tales como los de prohibir, autorizar, ejercer críticas de ciertos tipos, excusar, justificar, atribuir o reconocer derechos; afirmar que alguien tiene (o no tiene) una competencia, un deber, un derecho, una responsabilidad; imponer deberes y obligaciones, afirmar que algo hecho por alguien es (o no es) una transgresión o que merece (o no merece) un premio o un castigo, etcétera". (G. R. Carrio). Pero en sentido más lato, menos restrictivo, un lenguaje especializado abarca "el área de la lengua que aspira a una comunicación unívoca y libre de contradicciones en un área especializada específica y particular". Para E. Alcaraz Varó, el lenguaje especializado: "es el lenguaje específico que utilizan algunos profesionales y expertos para transmitir información y para refinar los términos, los conceptos y los saberes de una determinada área de conocimiento, confirmando los ya existentes, matizando el ámbito de su aplicación y modificándolo total o parcialmente". Estas lenguas especiales pueden ser consideradas lenguas para profesionales académicos, intelectuales, en fin, de acuerdo con la materia o campo en el cual se especializan, desarrollan su actividad o efectúan investigaciones. Para G. Dehesa Dávila: "se puede afirmar que el español jurídico es una lengua profesional en atención a tres aspectos fundamentales:

1) Cuenta con un vocabulario muy singular que constituye el núcleo de este lenguaje especializado;

2) Usa tendencias sintácticas y estilísticas muy idiosincrásicas;

3) Tiene géneros propios e inconfundibles, como la ley, la sentencia, el contrato, que sirven para marcar bien los límites de esta variante del español".

El vocabulario jurídico es un lenguaje especializado cuya terminología está conformada por un lenguaje común y por un lenguaje que escapa al común de los hablantes por la precisión que se requiere en el ámbito jurídico. Es decir, el lenguaje especializado tiene un primer paso que proviene de la lengua ordinaria. También otros autores hablan de un lenguaje técnico-jurídico. Pero evidentemente cualquiera que sea su denominación deben resaltarse aspectos esenciales de la lengua y su aplicación. Ellos son:

1) Un vocabulario específico del lenguaje jurídico;

2) El estilo y la sintaxis inherentes a la especialización jurídica;

3) La precisión, los límites y la identificación conceptual de cada término empleado;

4) La aplicación exacta de la terminología que se aplica. Es necesario tener presente los ejemplos de uso y las distintas acepciones que puedan corresponder y, además, que la sinomía perfecta no existe, aunque en muchos casos es muy recomendable.

CAPÍTULO II

EL ESTILO FORENSE

El hábito o la costumbre de escribir proporciona facilidad para construir con acierto las frases y colocar cada palabra en el lugar que le corresponde, de manera que se refleje con exactitud y corrección el pensamiento a expresar en casa instante. Este pensamiento tiene un estilo, es decir, una forma mediante la cual lo expresa el escritor. Éste siempre tiene alguna analogía con el modo de pensar del autor. El estilo forense requiere determinados caracteres que le son propios, inherentes e insustituibles. Se debe jerarquizar la palabra escrita o hablada. El prestigioso Ángel Ossorio expresaba al respecto "Pero yo me refiero a 'lo otro': a la forma, a la expresión literaria, al decoro del decir. En eso somos lamentablemente abandonados. Aquí y en todas partes. No excluyo a España. Así se ha creado una literatura judicial lamentable, en que jueces y abogados, a porfía, usamos frases impropias, barbarismos, palabras equivocadas, todo un "argot" ínfimo y tosco. No tenemos noción de la medida y nuestros escritos pecan unas veces de insuficiencia y otras, por pesados y difusos. Es frecuente que el jurista haga por sí mismo los escritos a la máquina, es decir, sin revisión ni enmienda. Aun en aquellos casos en que la redacción es correcta, suele faltar el hálito de vida, el matiz de pasión, el apunte crítico, todo lo que es condimento, especia y salsa de las labores literarias. Consideramos los escritos como operaciones aritméticas, a las que sólo se exige que sean exactas, pero que no son susceptibles de belleza alguna. Tal abandono nos desprestigia. Es como si el artillero dejara oxidarse el cañón, el médico permitiera que se mellase el bisturí o el arquitecto perdiese el compás y las reglas. ¿No es la palabra nuestra arma única? Pues usémosla bien. A toda hora debiéramos tener presente aquella prudente máxima con que comienza el tratado de Crotalogía o arte de tocar las castañuelas".

"Se puede tocar o no tocar las castañuelas; pero ya de tocarlas, tocarlas bien".

De idéntico modo se puede ser o no ser abogado, pues nadie nace, por ley natural, obligado a serlo; pero ya de serlo, serlo bien. Y si no hay otra manera de ser abogado sino usando la palabra, empleémosla como corresponde. Con dignidad. Con pulcritud. Con eficacia.

El abogado es un escritor y un orador. Dos veces artista. Si no lo es, será un jornalero del Derecho, un hombre que pone palabras en un papel, de la sociedad y de la Justicia: que todos éstos son sus clientes.

Semejante reflexión nos inhibe de incorporar cualquier tipo de comentario. No obstante, podemos fijar ciertas pautas o líneas de conducta a tener presente:

1) Claridad: la precisión del estilo debe ser la fiel reproducción del pensamiento, rechaza lo mismo la supresión de palabras precisas que las repeticiones difusas e innecesarias. Resulta preferible el estilo conciso al difuso; este último tiende a incluir en el escrito frases y palabras repetidas, expresiones redundantes que provocan fastidio y desinterés en los potenciales lectores. Es una regla básica que quien escribe debe hacerlo para que lo entiendan, de manera tal, que no se pueda quitar una sola palabra sin menoscabar el sentido, la eficacia o la elegancia de lo escrito. En síntesis, debe recurrirse a aquel antiguo dicho: "Separar la paja del trigo".

2) Veracidad: es posible que se relacione con la ética y no con el estilo. Pero, como sostiene Ossorio, esta virtud es la

primera y la más esencial en el desarrollo profesional de un abogado, para quien lo blanco es blanco y lo negro es negro. Es un vocero de la verdad, no del engaño. Se debe a la verdad antes que a nada, pero ello no implica que no puedan sostenerse "teorías atrevidas" y buscar a las leyes interpretaciones arriesgadas.

3) Naturalidad: implica alejarse de ciertas formalidades o artificios del lenguaje y de la retórica y expresare en forma sencilla, clara y convincente.

4) Brevedad: para Barnave, la brevedad es la pasión de jueces. Todo escrito tiene una extensión precisa, variable de acuerdo con la naturaleza del asunto, su desarrollo y los factores intervinientes. Para otro prestigioso autor: "Es el manjar preferido de los jueces". Siéndolo, te darán la razón aunque no la tengas y a veces... a pesar de que la tengas.

Cómo enriquecer el estilo

Según Gonzalo Martín Vivaldi, es el cumplimiento de la Gramática, añade la corrección en el uso del lenguaje, la precisión, la elegancia, la claridad y la armonía. Para él, el mejor y más efectivo procedimiento para mejorar la redacción es escribir mucho. El ser racional amparado en la mera observación permite enriquecer el entendimiento. La necesidad lo agudiza. Pero el eje central de la redacción, no sólo a nivel profesional, requiere destacar los principales aspectos:

1) Concentración y planificación sobre lo que se va a escribir. Las ideas secundarias deben ordenarse en función de la principal.

2) Los pensamientos deben conformar una cadena ininterrumpida y secuencial.

3) Leer y releer es muy aconsejable cuando se escribe.

4) Desechar los extranjerismos y utlizar términos de nuestro idioma.

5) Respetar las formalidades sin caer en divagaciones.

6) Evitar reiteraciones y redundancias, eliminar los vulgarismos y barbarismos; en el ámbito jurídico, pueden generar confusiones.

7) Tratar de utilizar los términos con la máxima precisión y adecuación pertinentes.

Estas pautas son solamente enunciativas, no taxativas. En síntesis, el hombre generalmente es juzgado por su presencia, por sus palabras. Frecuentemente, su personalidad, forma de actuar, de vivir y de ser son evaluadas directa o indirectamente, consciente o inconscientemente, por su actuación profesional. El abogado interactúa con sus colegas, clientes, magistrados, etcétera y su rol debe estar por encima de las bajezas humanas.

El elogio de la palabra realizado por Ángel Ossorio es de una magnitud tal que resulta muy útil y pertinente su transcripción parcial:

"Las vistas no sirven para nada. Debieran suprimirse".

Claro que los abogados que aseguran esto sólo pretenden deprimir a la Magistratura suponiéndola sorda –impermeable, dijo un hombre ilustre– al razonamiento oral. Y no piensan que el arma se vuelve contra quienes la esgrimen. Yo me pregunto cuando los escucho: "¿Qué concepto tendrán de sí mismos estos compañeros?".

Hizo Maragall el elogio de la palabra en forma tan hermosa, tan noble, tan soberana, que la materia quedó consagrada como intangible, y nadie, discretamente, puede mover el tema. A aquel texto hay que remitir a los incrédulos.

Quien no fíe en la fuerza del verbo ¿en qué fiará? El verbo es todo: estado de conciencia, emotividad, reflexión, efusión, impulso y freno, estímulo y sedante, decantación y sublimación... Donde no llega la palabra, brota la violencia. O los hombres nos entendemos mediante aquella privilegiada emanación de la Divinidad o caeremos en servidumbre de bruticie.

Por la palabra se enardecen o calman ejércitos y turbas; por la palabra se difunden las religiones, se propagan teorías y negocios, se alienta al abatido, se doma y avergüenza al soberbio, se tonifica al vacilante, se viriliza al desmedrado. Unas palabras, las de Cristo, bastaron para derrumbar una civilización y crear un mundo nuevo. Los hechos tienen, sí, más fuerza que las palabras; pero sin las palabras previas los hechos no se producirían.

Abominen de las palabras los tiranos porque los condena, los malvados porque los descubre y los necios porque no las entienden. Pero nosotros, que buscamos la convicción con las armas del razonamiento, ¿cómo hemos de desconfiar de su eficacia?

Se alega que cuanto hemos de decir en los informes ya consta en los escritos y huelga repetirlo. Prescindiendo de que no siempre es así, bueno será advertir que, para el efecto de persuadir, no cabe comparación entre la palabra hablada y la escrita, y que en aquélla los elementos plásticos de la expresión mímica valen más que las resmas de papel y denuncian más claramente la sinceridad o la falacia del expositor. Cuando tratamos asuntos personales, solemos decir que se adelanta más en media hora de conversación que en medio año de correspondencia. Y lo que es verdad en todos los órdenes de la vida ¿dejará de serlo en el forense?

Quiero contar aquí una anécdota que me confirmó, de manera irrebatible, en estas mis convicciones de siempre. Fui en cierta ocasión a informar como apelante en una Sala Civil de la Audiencia madrileña. Al llegar, me detuvo en un pasillo el Secretario diciéndome:

-Nos chocó mucho que no asistiera usted a la vista de ayer.

-¿Ayer? -le repliqué-. Ayer no tenía señalada ninguna vista.

-¿Cómo que no? -insistió-. ¡Ya lo creo! Lo que ocurre es que todos nos descuidamos de vez en cuando.

-Claro que sí, y a mí puede pasarme como a cualquiera; pero le aseguro a usted que ayer no tenía yo señalamiento alguno.

-¡Sí, hombre, sí! El pleito de A contra B.

-¡A eso vengo hoy!

-¡A buena hora! Se vio ayer, y por cierto que su contrario tampoco asistió.

-¡Claro! Como que está aquí con la toga puesta para informar.

-¡Caramba! Eso ya me pone en cuidado. Porque es muy raro que se hayan confundido los dos. Pero, en fin, tan cierto estoy de lo que afirmo que, en confianza, le diré a usted que no sólo se dio por celebrada la vista, sino que se falló. Lo pierde usted y llevo ya aquí puesta la sentencia, porque no hay ropa nueva. Se acepta totalmente la apelada.

Aquí debí lanzar una interjección. No recuerdo cuál fue ni podría afirmar que fuese publicable. Pero que la expelí estoy seguro, porque yo iba muy ilusionado con el caso y me parecía indefectible lograr la revocación.

Total que, advertido mi compañero y no menos sorprendido que yo, visitamos al Presidente para dar y pedir explicación de lo ocurrido, que resultó ser un *quid pro quo* entre el libro de señalamientos, el rollo y las notificaciones. Deshecho el error y puesto que los dos letrados estábamos presentes y conformes, la Sala accedió a celebrar nuevamente la vista en aquel instante. ¡Calcúlese cómo subiría yo a informar, sabiendo que el negocio estaba ya prejuzgado... en contra mía!

Y sucedió que se revocó la sentencia apelada y gané el pleito.

¿Tengo o no tengo, con ese caso en la memoria, obligación de creer en la eficacia del informe?

Verdad es que hay magistrados inabordables, berroqueñas togadas para quienes la palabra y cualquier manifestación racional son igualmente ociosas. Con ellos sólo es útil la jubilación o la degollación. Mas es muy raro que en una Sala no haya uno, siquiera uno (suele haber más), que escuche, entienda y discurra. Y en habiendo uno, basta, porque se hace casi siempre "el amo de la situación" y arrastra a los otros.

No es justo volcar sobre los Magistrados el peso íntegro de la ineficacia del informe. Muchas veces, tenemos gran parte de la culpa los defensores por no hacernos cargo de la realidad y hablar en forma inadecuada. Invito a mis colegas a reflexionar sobre estas cualidades de la oratoria forense:

A. La brevedad: "Se breve -aconsejaba un Magistrado viejo a un abogado joven-, que la brevedad es el manjar predilecto de los jueces. Si hablas poco, te darán la razón aunque no la tengas... y, a veces, aunque la tengas".

Toda oratoria debe contar con esta excelsa cualidad, pero más singularmente la de estrados. El magistrado lleva consagrada toda su vida a oír, no es joven, no tiene grandes ilusiones, está mal pagado, tiene secas las fuentes de la curiosidad y ha oído centenares de veces historias análogas y divagaciones idénticas. ¿Vamos a exigirle que se juzgue feliz atendiendo cada día a dos de nosotros, si le hablamos a razón de dos o tres horas cada cual?

No es cosa sencilla esto de ser breve. "Te escribo tan largo porque no he tenido tiempo para escribir más corto", nos enseña una frase memorable. Y verdaderamente, el arte del orador estriba no poco en condensar, achicar y extractar antecedentes y argumentos, escatimando las palabras y vivificando la oración a expensas de sus dimensiones. Recuérdese la diferencia de cubicación entre una viña y el vino que se obtiene de ella. Proporción semejante ha de haber entre el contenido de un pleito y su defensa oral.

B. La diafanidad. En elogio de un abogado, decía un magistrado amigo mío: "Habla claramente para que te entienda el portero de estrados; y si lo consigue, malo ha de ser que no le entienda también alguno de los señores de la Sala". Aparte de la hiperbólica causticidad del concepto, así hay que proceder. Nuestra narración ha de ser tan clara que pueda asimilársela el hombre más desprevenido y tosco; no porque los jueces lo sean sino porque están fatigados de oír enrevesadas historias. Años y años de escuchar el inmenso e inacabable barullo de nacimientos, matrimonios, defunciones, testamentos, transmisiones de fincas, deslindes, pagarés, escrituras, transacciones, etcétera, acaban por formar en el cerebro judicial una especie de callo de la memoria productor de un invencible desabrimiento, de una absoluta inapetencia para asimilarse nuevas trapisondas de la Humanidad. Tal disposición, más fisiológica que reflexiva, sólo puede contrarrestarse diciendo las cosas precisas y en términos de definitiva claridad. Hay que hablar con filtro.

C. La preferencia por los hechos. Alguna vez oí yo tachar a Díaz Cobeña en tono despectivo: "Es el abogado del hecho". ¡Y yo que en eso encontraba su mayor mérito! Para cada vez que se ofrece un problema de estricto Derecho, de mera interpretación legal, cien mil casos se dan de realidad viva, de pasión o de conveniencia. Y eso es lo que hay que poner de relieve. La solución jurídica viene sola y con parquedad de diálogo. Las opiniones que he asentado al tratar de La sensación de la justicia me excusan de una repetición.

D. La cortesía desenfadada o el desenfado cortés. Esto es, el respeto más escrupuloso para el litigante adverso y para su patrono... hasta el instante en que la Justicia ordene dejar de guardárselo. Es imperdonable la mortificación al que está enfrente sólo por el hecho de estar enfrente; pero es cobarde deserción del deber el abstenerse de descubrir un vicio y de atacarlo, ocultando así extremos precisos a la propia defensa, por rendirse a contemplaciones de respeto, de amistad o de delicadeza semejante. Al ponerse la toga, para el letrado se acaba todo lo que no sea el servicio de la defensa.

E. La policía del léxico. Entre nuestra deficientísima cultura literaria y la influencia del juicio por jurado, los abogados hemos avillanado el vocabulario y hemos degradado nuestra condición mental. Bueno será no olvidar que somos una aristocracia y que, en todas las ocasiones, es la Abogacía un magisterio social. Aquella compenetración que, en beneficio de la claridad, he defendido para que al abogado lo entienda un patán, no ha de lograrse deprimiendo el nivel de aquél, sino elevando el de éste.

F. La amenidad. En todo género oratorio hay que producirse con sencillez, huyendo de lirismos altisonantes y de erudiciones empalagosas. Singularmente, los pleitos no se ganan ya con citas de Paulo, Triboniano y Modestino, ni en fuerza de metáforas, imágenes, metonimias y sinécdoques. Aquéllo es sumergirse en un pozo; esto, perderse en un bosque. El secreto está en viajar por la llanura, quitar los tropiezos del camino y, de vez en cuando, provocar una sonrisa.

Retórica y oratoria

Palabra de origen griego mediante la cual se designaba una técnica o el arte de hablar, definido éste por Aristóteles como la "facultad de considerar en cada caso lo que cabe para persuadir" y que implicaba un conjunto de orientaciones y reglas que servían para confeccionar los discursos con la finalidad de influir en sus destinatarios. Es decir, el objeto de estudio de la retórica es el discurso oratorio. La retórica responde a todas las reglas gramaticales, a las de construcción y a las de estilo. Además el estilo debe ser persuasivo y con una temática ilimitada. La retórica emerge en la Antigüedad como respuesta a las distintas necesidades estrechamente vinculadas con la política y con el Derecho;

tanto es así que es difícil no establecer un apareamiento entre la retórica y la evolución de los sistemas jurídicos. El lenguaje jurídico requiere las normas de la retórica y, si se avanza en este aspecto, vemos que aparece otro aspecto esencial: la dialéctica. Entonces, retórica, derecho y dialéctica conforman una estructura sólida, con una categoría que a veces es inseparable. La retórica se ocupa de presentar los argumentos en los planos teórico y práctico; para ello es imprescindible la dialéctica, el arte de pensar en el Derecho y se cierra el vínculo con la oratoria, la facultad y el modo de hablar. A continuación nos abocamos a la oratoria y, especialmente, a lo forense.

Oratoria forense

El abogado debe ser elocuente cuando escribe y cuando habla; aunque la elocuencia de los escritos –dictámenes, demandas, contestaciones, réplicas, interrogatorios, escritos judiciales– difiere de la de los discursos, porque éstos, por lo común, permiten giros, imágenes y movimientos que no cuadran a aquellos, formados en el retiro y en la calma, sin nada que avive y provoque, que conmueva y arrebate. Generalmente, suele confundirse la oratoria con la elocuencia. Entre ambos términos existe la misma diferencia que entre el cuerpo y el alma, porque la elocuencia, de acuerdo con Majada, es el alma que alienta y da vida al cuerpo de la oratoria. Es factible una arenga histórica escrita que sea elocuente, pero falta entonces el carácter más saliente de la oratoria, aquello que emana del espíritu, identificado con la fuerza creadora del pensamiento. Es menester tener presente que cuatrocientos millones de habitanes en los cinco continentes utilizan el idioma español. Se trata de la segunda lengua de comunicación internacional; por lo tanto, mejorar su utilización es un compromiso que directa o indirectamente nos atañe a todos aquellos que estamos vinculados con esta temática. Desde su creación en 1713, la Real Academia Española se fijó como objetivo fijar el idioma y sancionar los cambios de acuerdo con las incorporaciones pertinentes de la lengua. No obstante lo expuesto, es menester además tener presente la forma y para ello nada más apropiado que lo expuesto por Piero Calamandrei: "Los abogados, profesionales de la presuasión, emplean a menudo un modo de expresarse que es todo lo contrario; al diálogo vivo y cortado lo sustituye el monólogo cerrado; el estímulo vivificante de las objeciones queda suprimido o aplazado; es elocuentísimo aquel que consigue, sin perder el aliento, pronunciar largos períodos, aunque desde la primera palabra todos hayan comprendido adónde quiere ir a parar. Se insiste largamente sobre aquello en que todos están de acuerdo; se llenan los vacíos del pensamiento con ornamentos retóricos inútiles o falaces. La interrupción es una ofensa; cada cual habla para sí, fijando su esquema mental, como un equilibrista que no aparta los ojos de la silla que oscila sobre la punta de su nariz. Este modo de razonar, que es la negación del que emplean para hablar entre sí las personas razonables, es el que algunos llaman "oratoria forense".

No creo que en nuestras facultades de Derecho haya necesidad de instruir a los jóvenes en la elocuencia forense, como en las antiguas escuelas de retórica. Los estudios jurídicos deben servir para estimular el pensamiento; cuando éste es ágil y rápido, el lenguaje brota por sí solo.

Pero si hubiera de instituirse una escuela de oratoria forense, la haría yo funcionar de la siguiente manera: daría al alumno, para que los estudiase en una mañana, los autos de una complicada y difícil controversia civil, de la cual habría de darme cuenta oralmente, en forma clara y completa, en el inexorable término de una hora. Al día siguiente, sobre el mismo argumento, tendría que hablar media hora; al tercer día, el tiempo que se le concedería para repetir el informe, habría que reducirlo a un solo cuarto de hora.

A esta última prueba, que sería la decisiva, asistiría un auditorio de estudiantes absolutamente desconocedores del caso. Si el relator conseguía tratar en aquel informe concentrado todos los puntos esenciales del pleito de modo tan claro y ordenado que el auditorio lo pudiera seguir y entender, acreditaría con ello haber aprendido el género de elocuencia necesario para ser un buen abogado de casación".

CAPÍTULO III

REDACCIÓN Y ORALIDAD

A pesar de considerarse técnico el léxico jurídico, no lo podemos equiparar con otros de caracterísitcas técnicas. En las ciencias exactas, puede encontrarse un lenguaje mucho más técnico, especializado y, en muchos aspectos, con un alto grado de abstracción. En cambio, en el campo jurídico, su léxico se enriquece con la influencia del lenguaje literario; ello nos permite que el extenso vocabulario, y especialmente el jurídico, en habla española nos permita utilizar la palabra o expresión adecuada en cada instancia

Comunicación y realidad

La forma primaria, más elemental y rápida de la lengua es la oral. Pero cuando el ser humano alcanza formas culturales más desarrolladas, tiende a concretar su comunicación con sus semejantes mediante signos gráficos, convencionales, propios y comunes a una comunidad específica. Aparecen de esta forma los signos del alfabeto, es decir, la representación gráfica de los signos orales. En otros términos, la escritura es la representación gráfica de la lengua, una de las formas de la comunicación. Esta expresión escrita se realiza en forma gráfica y transcribe las palabras de la lengua hablada en signos escritos. Escribir es una de las formas de expresarse y leer es una de las maneras de entender el mensaje. La riqueza de la comunicación debe constituir uno de los aspectos más relevantes en cada uno de los seres humanos que habitan el planeta. Para ello es imprescindible poseer un número suficiente de significados (entendiéndose por tales los conceptos o las ideas) y de significantes (formas físicas escritas o habladas). La expresión escrita nos exige una serie de requisitos o elementos: las frases deben ser completas y sencillas; se debe respetar los signos de puntuación, evitar ambigüedades y utilizar los giros del lenguaje en forma adecuada. El sentido o significado de las palabras, sumamente importante en el lenguaje general, es una parte de la lingüística denominada semántica. La claridad y la elegancia son dos cualidades que han de adornar la construcción de un escrito, párrafo o texto. Pero mucho más importante y relevante resulta si dicha construcción pertenece a un intelectual o profesional. En este caso, la obra está referida a los profesionales del derecho. Los vicios que más perturban a aquellas cualidades son: los cambios de sujeto y de verbo, el orden de las palabras y el desconocimiento de los significados.

El abogado vive y convive como cualquier ser humano. Resulta imposible, por lo tanto, evitar la incorporacion de neologismos, barbarismos e idiotismos del lenguaje. La utilización o empleo de los mismos repercute en mayor o menor medida también en el ámbito jurídico. El mal hablar del vulgo, los extranjerismos enclavados por una ridícula neocolonización cultural, a su vez aceptada e implementada por los medios masivos de comunicación (radio, televisión, periodismo escrito, internet, etc.), además de otros disparetes idiomáticos recrudecieron en la última década. Por ello, en esta obra únicamente se tratará de exponer los casos y errores más comunes.

Del descrédito social a la indiferencia

Las faltas ortográficas en tiempos no muy lejanos constituían un verdadero rechazo social y, por ende, limitaciones y trabas en las distintas actividades. Paulatinamente, se ha llegado a un menosprecio tal de la instrucción ortográfica que genera una preocupación cierta y real en la lengua española.

La lectura y el arte de escribir

Leer significa ampliar los pensamientos propios sobre una materia que se intenta elaborar mediante el conocimiento de un esfuerzo anteriormente realizado sobre aquella. Esa lectura nos permite visulizar, analizar y profundizar críticamente los contenidos. Es un modo de juzgar al mismo tiempo y en forma simultánea describir o ingresar a otro estamento superior. Esta lectura crítica es una regla. Leer a los autores clásicos del Derecho no solamente entraña un verdadero análisis técnico-jurídico sino que representan un avance y un horizonte que, visto desde su autoría a hoy, resulta admirable el tratamiento de un temario tan rico y vigente. Pero el lector se preguntará ¿qué relación existe con respecto a nuestros requerimientos profesionales actuales? Resulta que cuando se lee, se plasma como una conexión con el todo, y ese todo se fundamenta o requiere dos reglas básicas: la lectura y la lectura crítica. Este tipo de estudio metodológico emparentado íntimamente con la capacidad de expresión oral o escritura produce un proceso de retroalimentación, un ida y vuelta que permite enhebrar una visión distinta, superadora, que nos facilita comunicarnos con el otro más eficazmente y en un plano superior.

El término arte tiene diversas acepciones. Virtud, disposición y habilidad para hacer con alguna cosa. //Acto o facultad mediante la cual, valiéndose de la materia, de la imagen o del sonido, imita o expresa el hombre lo material o lo inmaterial, y crea copiando o fantaseando. // Conjunto de preceptos y reglas necesarios para hacer bien alguna cosa. // Libro que contiene los preceptos de la gramática latina.

Así podríamos seguir adicionando conceptos y definiciones; pero, con un criterio simple: es la actividad humana que tiende, mediante habilidades, técnicas o principios, a alcanzar un objetivo concreto y preciso. Resulta evidente que la escritura es un arte independientemente del talento particular de cada uno. La profesión requiere un salto culitativo. El arte de la expresión oral o escrita está al alcance de cada profesional y, por lo tanto, resulta insoslayable su aplicación.

CÁPITULO IV

LOS NÚMEROS Y LA ESCRITURA

Los números pueden resultar la fiel expresión de una realidad que, para muchos, puede significar el funeral de las ilusiones. En cuanto a su escritura casi siempre se generan dudas. Por ello, a continuación, se exponen en forma enunciativa y no taxativa los aspectos más relevantes de dicha escritura.

1) Los números están representados mediante signos en dos sistemas básicos.

a) Numeración romana: es aquella que se expresa con letras del alfabeto latino: I (uno), V (cinco), X (diez), L (cincuenta), C (cien), D (quinientos) y M (mil). A cada letra le corresponde un valor numérico fijo. Este sistema ha caído en desuso, se aplica en muy pocos casos. A continuación: se enumeran a modo de ejemplos:

- Capítulos, libros, partes, tomos, etcétera;
- Siglos, milenios, etcétera;
- Congresos, campeonatos, jornadas, festivales, etcétera;
- Papas, reyes, emperadores, etcétera.

b) Numeración arábiga: esta numeración se representa mediante la combinación de diez signos, denominados dígitos o cifras. Las recomendaciones generales referidas a cuándo deben utilizarse cifras o letras en la escritura son los siguientes:

1 Escritura con letras:

- La edad de las personas suele escribirse con letras, pero no es incorrecta la escritura con cifras y, especialmente, si se colocan entre paréntesis.
- Los números componentes de locuciones o expresiones: no hay dos sin tres.
- Los números empleados en expresiones genéricas: el indulto se produjo en mil novecientos setenta y tantos.
- Las cantidades que expresan tiempo: el juicio fue hace cinco años.
- Las cifras que aparecen en las obras literarias, excepto que sea una cifra muy compleja. Ejemplo: se perjudicaron 17 432 personas.
- Los números que se expresan en dos palabras unidas por la conjunción y: cumplí sesenta y dos años; ello ocurre hasta noventa y nueve.
- Los números que pueden expresarse en una sola palabra, es decir, del cero al veintinueve, las decenas, y las centenas. Ejemplos: nueve, cincuenta, trescientos.
- Los números redondos que pueden expresarse en dos palabras. Ejemplo: doscientos mil.

2. Escritura con cifras:

- Los números que constan de una parte entera y de otra decimal. Ejemplo: 2,5 % es el índice de incrementos de precios.
- Los números que se escriben en una fecha. Ejemplo: 31 de enero de 2015.
- Los números que aparecen en obras técnicas, científicas o de estadística que expresen magnitudes,

medidas, cantidades que indiquen operaciones o intervengan en fórmulas. Ejemplo: (= 3,1416...).

- Los números que requerirían el empleo de cuatro o más palabras en su escritura con letras. Ejemplo: la cantidad de inmigrantes fue de 22 130.
- Los números que se anteponen o se posponen a un sustantivo. Ejemplo: 90 páginas, piso 3, etcétera.
- Los números referidos a unidades de medida, cuando van seguidos del símbolo correspondiente. Ejemplo: 50 m.
- Los números que representan porcentajes superiores a diez. Ejemplo: la devaluación del peso argentino fue del 10 %.

2) La ortografía de los números:

a) Desde el dieciséis hasta el veintinueve los números se escriben en una sola palabra. Ejemplo: veinticinco.

b) Desde el treinta y uno hasta el noventa y nueve los números se escriben en tres palabras. Ejemplo: ochenta y cuatro.

c) Desde ciento los números se escriben en dos o más palabras. Ejemplo: ciento diez.

d) Las cantidades escritas con cifras se separan con espacio únicamente de acuerdo con lo sugerido por la Real Academia Española. Es decir, los números de más de cuatro cifras agruparán estas de tres en tres, empezando por la derecha. Los números de más de cuatro cifras se escriben sin espacios de separación. Ejemplos: 950 000; 11 000.

e) Las páginas, los años, las normas legales no se separan. Ejemplos: página 1999, año 2009, resolución 1985.

f) Aquellos números que tengan una parte decimal deben llevar la coma o un punto. Ejemplos: 3,14; 3.14.

g) Las cantidades que tienen como base un sustantivo de significación numeral, como millón, millardo, billón, trillón y cuatrillón, siempre que como mínimo, las tres últimas cifras de su escritura en números sean ceros, pueden abreviarse mezclando el uso de los números y letras en su escritura. Ejemplo 183 millones.

Cuadro con la representación numérica y la representación lingüística de los ordinales

N° ARÁBIGO	CARDINAL	ORDINAL
1	Uno	Primero
2	Dos	Segundo
3	Tres	Tercero
4	Cuatro	Cuarto
5	Cinco	Quinto
6	Seis	Sexto
7	Siete	Séptimo
8	Ocho	Octavo
9	Nueve	Noveno
10	Diez	Décimo
11	Once	Undécimo
12	Doce	Duodécimo
13	Trece	Decimotercero
14	Catorce	Decimocuarto
15	Quince	Decimoquinto
16	Dieciséis	Decimosexto
17	Diecisiete	Decimoséptimo
18	Dieciocho	Decimooctavo
19	Diecinueve	Decimonoveno
20	Veinte	Vigésimo
21	Veintiuno	Vigésimo primero
22	Veintidós	Vigésimo segundo
23	Veintitrés	Vigésimo tercero
24	Veinticuatro	Vigésimo cuarto

25	Veinticinco	Vigésimo quinto
26	Veintiséis	Vigésimo sexto
27	Veintisiete	Vigésimo séptimo
28	Veintiocho	Vigésimo octavo
29	Veintinueve	Vigésimo noveno
30	Treinta	Trigésimo
31	Treinta y uno	Trigésimo primero
40	Cuarenta	Cuadragésimo
41	Cuarenta y uno	Cuadragésimo primero
50	Cincuenta	Quincuagésimo
51	Cincuenta y uno	Quincuagésimo primero
60	Sesenta	Sexagésimo
61	Sesenta y uno	Sexagésimo primero
70	Setenta	Septuagésimo
71	Setenta y uno	Septuagésimo primero
80	Ochenta	Octogésimo
81	Ochenta y uno	Octogésimo primero
90	Noventa	Nonagésimo
91	Noventa y uno	Nonagésimo primero
100	Cien	Centésimo
101	Ciento uno	Centésimo primero
200	Doscientos	Ducentésimo
300	Trescientos	Tricentésimo
400	Cuatrocientos	Cuadringetésimo
500	Quinientos	Quingentésimo
600	Seiscientos	Sexcentésimo
700	Setecientos	Septingentésimo
800	Ochocientos	Octingentésimo
900	Novecientos	Noningentésimo
1000	Mil	Milésimo

CAPÍTULO V

APLICACIONES TÉCNICAS PARA NO ESPECIALISTAS

Signos matemáticos usuales

1) Cuando en una ecuación los miembros son iguales se utiliza el signo de "igual a", $a = b$
2) Cuando en una ecuación los miembros no son iguales se indica con el signo de "no igual" o "diferente a", $a \neq b$
3) Cuando se quiere expresar que un miembro es superior o inferior al otro. Mayor que: $a>b \rightarrow 10>5$. Menor que: $a<b \rightarrow 5<10$
4) Cuando está el signo de suma o adición $5+2=7$, su significado es "más".
5) Cuando está el signo de resta o sustracción $5-2=3$, su significado es "menos".
6) La expresión "a multiplicado por b", se puede representar de diversas formas: a x b; a . b; a b. Generalmente el signo x se usa entre los valores numéricos expresados en cifras.

7) La expresión "a dividido por b" se puede representar por: $\frac{a}{b}$; a / b; a : b.

La escritura de las unidades y sus símbolos

1) Los símbolos de las unidades deben inscribirse en números romanos.
2) Los símbolos de las unidades no tienen plural.
3) A los símbolos de las unidades no se les coloca punto final.
4) Los símbolos de las unidades se escriben después del valor numérico completo en la expresión de una magnitud, dejando un espacio entre el valor númerico y el símbolo.
5) Los símbolos de las unidades se escriben con minúscula, excepto cuando el nombre de la unidad deriva de un nombre propio. Ejemplo: m → metro; A → ampere.
6) Las unidades no se escriben con mayúscula porque no son realmente apellidos de sabios sino nombres de unidades que perpetúan su memoria.
7) Los símbolos se usan únicamente a continuación de los valores númericos, expresados en cifras y separados.

A continuación, se presenta en forma sencilla un resumen de la forma de escribir los símbolos de las unidades.

MAGNITUD	UNIDAD	SÍMBOLO CORRECTO
Longitud	metro kilómetro centímetro milímetro	m km cm mm
Área	metro cuadrado kilómetro cuadrado hectárea	m^2 km^2 ha
Volumen	metro cúbico centímetro cúbico litro mililitro	m^3 cm^3 l ml
Velocidad	metro por segundo kilómetro por hora	m/s km/h
Presión	pascal kilopascal	Pa kPa
Temperatura	grado celsius	°C

Índices

1) Además de la escritura es importante como aplicar los índices de precios.

Índice de costo de vida: para comprender mejor lo que llamamos Costo de vida e Índice de Precios al Consumidor y la diferencia entre los dos, vamos a considerar un ejemplo sencillo: pensemos en una persona "A", que consume únicamente 9 k de carne por mes. Teniendo en cuenta su gusto y los precios de las distintas carnes, él puede elegir carne de vaca y de pollo. Supongamos que cuando el precio de la carne de vaca es de $ 1,10 el kilo y la de pollo $ 0,70, el señor "A" compra:

6 k de carne de vaca x $ 1,10 = 6,60
3 k de carne de pollo x $ 0,70 = 2,10
9 k de carne con un gasto de $ 8,70

Para pensar en el cálculo del Índice de Precios al Consumidor, debemos tener en cuenta que este Índice considera únicamente los precios de los bienes y no toma en cuenta si ante esos cambios se producen variaciones en las cantidades compradas. Así, en el caso del señor "A", se pensará que las cantidades de carne de vaca y de pollo son siempre iguales a las del primer mes. Estas cantidades forman la Canasta del Índice que, siguiendo con el ejemplo, estaría formada por:

6 k de carne de vaca
3 k de carne de pollo

Si el precio de la carne sube de $ 1,10 a $ 1,20, el valor de esta canasta sería de:

6 k de carne de vaca x $ 1,20 = $ 7,20
3 k de carne de pollo x $ 0,70 = $ 2,10
9 k de carne con un gasto de $ 9,30

Para el cálculo del IPC se compara el valor actual de esta canasta con el valor que tenía en el mes anterior, siendo en este caso:

Enero	Febrero
$ 8,70	$ 9,30

El aumento del IPC es del 7 %. Si los precios no cambiaran, el señor "A" seguiría consumiento las mismas cantidades de carne de vaca y de pollo; pero si uno de los precios aumenta, el consumo de este artículo es menos ventajoso que antes al compararlo con el precio del otro. El cambio de precios posiblmente hará que este señor modifique sus compras: comprará menos kilos de la carne que subió de precio y aumentará la cantidad de kilos de la carne que lo mantuvo. De esta manera, podrá satisfacer su deseo de comer 9 k de carne y protegerá sus ingresos, ya que no está dispuesto a seguir comprando 6 k de carne de vaca si ésta cuesta $ 1,20 mientras la carne de pollo sigue con un precio de $ 0,70. Entonces, él preferirá aumentar su consumo en carne de pollo, disminuir el de vaca y mantener los kilos totales de carne consumida. Ahora comprará:

5 k de carne de vaca x $ 1,20 = $ 6,00
4 k de carne de pollo x $ 0,70 = $ 2,80
9 k de carne con un gasto de $ 8,80

Con este gasto, él considera que mantiene su mismo nivel de vida. Podría reducir su gasto de este mes si comprara los 9 k en carne de pollo, en ese caso:

9 k de carne de pollo x $ 0,70 = $ 6,30

Pero esto iría en contra de su deseo de consumir carne vacuna alguna vez. Por eso se explica la distribución de su compra entre 4 k de carne de pollo y 5 k de carne de vaca, ya que trata al mismo tiempo de proteger su presupuesto y sus gustos o nivel de vida.

De acuerdo con su nuevo nivel de gastos, el Costo de Vida para este señor pasó:

Enero	a	febrero
$ 8,70		$ 8,80

Dicho en porcentaje, el aumento fue del 1 %. Vemos, entonces, que el Índice de Precios al Consumidor y el Índice de Costo de

Vida reflejan y miden cosas diferentes. Mientras el IPC mide los cambios del precio de las mismas cantidades de los mismos bienes (en el ejemplo, las mismas cantidades de la misma carne), el Índice de Costo de Vida mediría los cambios del costo de mantener un mismo nivel de vida (en el ejemplo: seguir consumiendo 9 k de carne) aunque haya que adaptar las cantidades, por cambios ya sea en los precios o en los gustos del consumidor.

Índice de precios: es el resultado de dividir el precio que tiene un producto o la sumatoria de precios de un grupo de ellos en dos momentos distintos con el fin de verificar la magnitud de su variación en relación al tiempo. Se ubica el primer valor en el tiempo en el denominador y el segundo, en el numerador; si el resultado es mayor que 1, habrá habido un crecimiento en los precios; si es igual a 1, no habrá habido ninguno; y si finalmente es menor que 1 y mayor que 0, habrá resultado una disminución. De otra forma, para saber si un producto subió mucho o poco, debemos saber el valor inicial. Ejemplo: si supiéramos que antes del aumento el artículo costaba $ 20, la cuestión sería muy sencilla. Bastaría con dividir el aumento por el valor incial y tendríamos el porcentaje de aumento:

$$\frac{\text{Valor del aumento x 100}}{\text{Valor inicial}} = \frac{4}{20} \text{ x } 100 = 20\ \%$$

El artículo que antes costaba $ 20 ahora cuesta $ 24. Estadísticamente, al valor inicial que tomamos como referencia y con respecto al cual haremos la comparación se lo llama “base”. Por otra parte, y para facilitar la comparación de las variaciones de precios entre diversos artículos, se recurre a expresar los valores iniciales y finales en forma de índice. Dicho de otra manera y volviendo al ejemplo anterior en el que sólo existe un artículo y dos precios, al valor inicial del artículo o valor base le hacemos corresponder el número 100. Y al valor posterior, o sea 24, le haremos corresponder un número índice que se calcula de la siguiente manera:

$$\$\,20 \text{ ———————— } = 100$$

$$\$\,24 \text{ ————— } = \frac{24 \times 100}{20} = 120$$

O sea que el índice correspondiente al valor de un número del 20 % será 120. Sin embargo, para el cálculo de un índice de precios de un conjunto de artículos, el problema se complica.

Índice de precios al consumidor: es el que mide los cambios de precios producidos en un grupo determinado de bienes y servicios que representan el consumo de la población. Para calcularlo, se observan los precios de ese grupo de bienes y servicios en el momento de comenzar el estudio. Los precios de ese momento son considerados como "la base" del índice. A partir de ese momento, se realiza el seguimiento diario de los precios de esos productos durante cada mes. De esa observación y de la comparación de los últimos precios observados con los precios de la base se obtiene el Índice de Precios al Consumidor.

Índice de precios al por mayor: es el ponderado que refleja la variación de precio de los bienes y servicios considerados para elaborar este índice al momento de venta por parte del productor de los mismos entre dos o más fechas. Registra las variaciones de precios aplicados en la Argentina en las transacciones entre los productores o importadores y los distribuidores.

Índice de precios combinado: es el resultante de promediar el índice de precios al consumidor y el índice de precios al por mayor.

2) Tanto por ciento y porciento

En la expresión de los porcentajes, debe utilizarse siempre la fórmula por ciento, es decir, de cada ciento. Se construye a continuación de una cifra y precede a toda la expresión el artículo "él". El 30 % de los testigos declararán el lunes próximo. "El" precede no a un simple adjetivo numeral sino a una frase nominal. No obstante lo expuesto, existen ocasiones en que se puede colocar el artículo genérico "un", "una" en vez del artículo "el". En todos los casos por ciento se escribe en dos palabras, a diferencia del sustantivo porciento (porcentaje). Además, es incorrecto la apócope del numeral uno y sus compuestos cuando no van antepuestos a un sustantivo; no debe decirse el cuarenta y un por ciento sino el cuarenta y uno por ciento. Es recomendable en los porcentajes no usar el apócope cien. El setenta por ciento y no el setenta por cien.

El lenguaje de los números es más universal que el de los diferentes idiomas.

CAPÍTULO VI

DUDAS Y CERTEZAS

La terminología jurídica que se emplea en algunas circunstancias presenta ciertas deformaciones que provocan confusión en la significación de los términos que se utilizan en el ámbito forense. En muchos casos, aparecen vocablos que se aplican como sinónimos cuando, en realidad, no lo son. El lenguaje cotidiano o vulgar, en muchas oportunidades, invade el marco jurídico. En virtud de ello se presentan a continuación los casos más comunes o, al menos, aquellos en los cuales resulta más evidente la confusión. Además se incluyen las recientes modificaciones de la Real Academia Española.

A base de y sobre la base de

La expresión "a base de" significa que lo denotado por el sustantivo es el fundamento o componente principal. El autor escribió su libro a base de notables investigaciones en el ámbito internacional. Es incorrecto usar la expresión "en base a".

A beneficio de inventario y con beneficio de inventario

"Beneficio de inventario" significa aceptar una herencia acogiendóse a la facultad que la ley otorga al heredero de la herencia de aceptar sin quedar obligado a pagar a los acreedores del difunto más de lo que impone la herencia misma, para lo cual debe hacerse inventario de ella. "A beneficio de inventario", específicamente, es el hecho de aceptar una herencia acogiéndose a lo expuesto precedentemente. En cambio, con beneficio de inventario es incorrecto.

A cinco días de y a los cinco días de

"A cinco días de" expresa el tiempo que falta para que se produzca algún evento o hecho, en cambio, "a los cinco días de" expresa el tiempo transcurrido desde que sucedió.

A contrario sensu* y *contrario sensu

La expresión latina *a contrario sensu* significa "en sentido contrario". Se emplea con argumento cuando se deduce una consecuencia opuesta a lo afirmado o negado en una premisa dada. De acuerdo con el *Diccionario panhispánico de dudas*, es incorrecto utilizar contrario sensu sin la preposición a.

A cuenta de y por cuenta de

"A cuenta de" expresa anticipo, a cambio o en compensación; en cambio, "por cuenta de" significa en nombre de algo o de alguien y siempre es acompañado por un sustantivo: la compra por cuenta de su acreedor.

A día de hoy y hoy por hoy

La locución "a día de hoy" es incorrecta; pueden y deben utilizarse otras expresiones: hoy, hasta hoy, hoy por hoy, o bien, en el día de hoy.

A diez días del encuentro y a los diez del encuentro

Estas aparentes similares construcciones tienen significados totalmente distintos: "a diez días del encuentro" está referida al concepto de antes; en cambio, "a los diez del encuentro" implica después.

A favor de y en favor de

"A favor de" es una expresón que se utiliza para indicar el beneficiado en una acción o el destinatario de un valor: El cheque está girado "a favor de"... En cambio, "en favor de" se utiliza para expresar una decisión beneficiosa: bajas en favor de los consumidores.

A grandes rasgos y en rasgos generales

Es correcto usar "a grandes rasgos": sin entrar en pormenores; resulta poco aconsejable "en rasgos generales".

A la altura de y a nivel de

"A la altura de" significa al mismo nivel, se refiere a un concepto de altura. En cambio, "a nivel de" resulta una utilización incorrecta.

A la mayor brevedad y con la mayor brevedad

Si bien se utiliza "a la mayor brevedad", la forma correcta es la expresión "con la mayor brevedad". No obstante su uso, la primera locución configura una aceptación tácita.

A priori* y *a posteriori

"*A priori*" es una expresión latina que significa "por lo que precede"; es decir, con anterioridad a un hecho o a una circunstancia determinados. Es opuesto a *a posteriori*. Mientras que *a posteriori* significa "por lo que viene después"; es decir, con posterioridad a un hecho o a una circunstancia determinados.

Ab intestato y abintestato

Ab intestato es una expresión latina que significa "sin testamento". En cambio, *abintestato* corresponde al sustantivo masculino que se refiere al "procedimiento judicial sobre herencia de quien muere sin testar".

Abatir y matar

No son sinónimos. "Abatir" significa derribar, revocar, echar por tierra, tumbar, etc.; mientras que "matar", es privar de la vida a una persona, aniquilar.

Abdicar y renunciar

"Abdicar" significa "ceder un monarca la soberanía sobre su reino y renunciar a algo inmaterial que se tiene como propio; en cambio "renunciar" es hacer dejación o privarse voluntariamente de algo.

Abogado y abogada

El término "abogado" significa licenciado en Derecho. Debe aplicarse el género en cada caso. Es incorrecto utilizar el masculino para referirse al sexo femenino: la abogado. Es el abogado y la abogada.

Abolir y abrogar

"Abolir" significa derogar una norma, precepto, ley, costumbre o decreto. Se puede aplicar en cualquier forma de conjugación: se abole la pena capital. También pueden utilizarse como sinónimos cualesquiera de los siguientes términos: abrogar, anular, derogar o invalidar.

Abreviatura y abreviación

La abreviatura es una representación de las palabras en la escritura con una sola o varias de sus letras, mientras que la abreviación es una abreviatura ocasional de una palabra, un término o una expresión. Busca economizar tiempo y espacio en la representación gráfica.

Absolutamente y en absoluto

Es recomendable emplear absolutamente cuando el verbo es afirmativo: estaba absolutamente de acuerdo. En oraciones enunciativas negativas, se prefiere utilizar la expresión en absoluto.

Absorber y absolver

"Absorber": consumir enteramente; asumir, incorporar. En cambio, "absolver": liberar de algún cargo u obligación; declarar libre de culpa al acusado de un delito.

Acceder y accesar

"Acceder" significa "entrar a un lugar" y "alcanzar o tener acceso a algo inmaterial"; en cambio "accesar" es un anglicismo que se utiliza en algunos países latinoamericanos.

Accidental y provisional

En algunas situaciones se emplean indistintamente. No obstante deben distinguirse los significados precisos de cada término. "Accidental", es no esencial, casual, contingente, pero también cargo que se desempeña con carácter "provisional", es aquello que se hace o se tiene temporalmente.

Acefalia y acefalía

"Acefalia" significa carencia de condición, de cabeza. Inexistencia de jefe en una comunidad o sociedad. Es incorrecta la grafía acefalía.

Acerca de y a cerca de

"Acerca de" es una locución preposicional que introduce el complemento que expresa la materia o el tema de que se trata o en orden a ella. La expresión "a cerca de" significa aproximadamente o casi.

Acrónimos o siglas

Una sigla es la palabra formada por las iniciales de los términos que integran una denominación compleja. Generalmente, se usa para referirse de forma abreviada a instituciones, organismos, sistemas, etcétera. Por ejemplo: OEA, ONU. Pero cuando las siglas de una denominación son de uso frecuente, pueden llegar a ser utilizadas como una palabra y, en ese caso, se denominan acrónimos.

Actitud y aptitud

"Actitud" significa disposición de ánimo de algún modo manifestada; en cambio, "aptitud" es la capacidad y la disposición para ejercer un cargo o empleo; también suficiencia o idoneidad para el buen desempeño o ejercicio de una actividad empresaria. En virtud de lo expuesto, es muy clara la diferencia de conceptos de ambas palabras. Modificó su aptitud para aprovechar la actitud intelectual del autor.

Acto y apto

El término "acto" significa hecho o acción; en cambio, "apto" se refiere a idóneo, hábil, a propósito para hacer algo; es decir, conceptos totalmente distintos.

Actor y actora

"Actor" significa participante en un suceso o acción, mientras que "actora" expresa el femenino.

Adaptabilidad y adaptación

"Adaptabilidad" calidad o capacidad de ser adaptado; en cambio, "adaptación" es la acción y efecto de acomodar, ajustar una cosa a otra.

Adaptar y adoptar

"Adaptar" es acomodar, ajustar una cosa a otra; mientras que "adoptar" es recibir, haciéndolos propios, pareceres, técnicas, métodos, doctrinas, etc., que han sido creados por otras personas.

Adecua y "adecúa"

El régimen jurídico se adecua a la realidad social. Se admite, según el Diccionario Panhispánico de Dudas su acentuación gráfica: "adecúa".

Adenda y *addenda*

El término "adenda" expresa el "conjunto de adiciones al final de un escrito". Es aconsejable desechar la gráfica latina *addenda* y, además, la utilización del género femenino.

Adentro y dentro

"Adentro" es un adverbio de lugar que, con verbos de movimiento, significa "hacia la parte interior". También se usa para indicar un estado o una situación, pero resulta más frecuente utilizar dentro. Cuando el complemento con "de" está explícito es aconsejable el uso de dentro. Además, no se considera correcto el empleo de este término con posesivos. Dentro mío, no; debe decirse dentro de mí.

Adicto y drogadicto

"Adicto" significa dependiente del consumo de alguna sustancia. "Adicto" se refiere a muy inclinado, apegado a la práctica de una actividad; mientras que "drogadicto" es persona habituada a las drogas.

Adolecer y carecer

"Adolecer" significa padecer alguna enfermedad habitual o caer enfermo; mientras que "carecer" es falta de alguna cosa. Por ello es necesario explicitar el contenido distinto de cada palabra.

Aeródromo y aeropuerto

"Aeródromo", terreno llano provisto de pistas y demás instalaciones sucesivas para el despegue y aterrizaje de aviones; mientras que "aeropuerto" es un conjunto de pistas, instalaciones y secciones destinadas al tráfico regular de aviones.

Afidávit y affidávit

"Afidávit", término incorporado al español, a través del inglés, como sustantivo masculino. Se define como: documento legal que sirve como testimonio o declaración jurada ante un tribunal o como garantía o aval en otros casos. La escritura "affidávit" es poco aconsejable.

Afónico y disfónico

Términos que, generalmente, se utilizan como sinónimos, pero que, en realidad, tienen significados distintos. "Afónico" significa falto de voz; mientras que "disfónico" significa ronquera, alteración de la voz y la palabra.

Alfabeto y abecedario

Esta serie ordenada está constituida por veintisiete letras que se detallan a continuación. Según la

Real Academia Española es un proceso hacia la unificación y simplificación por ello, recomienda las denominaciones correspondientes a cada una de las letras.

A ____ a	J ____ jota	R ____ erre
B ____ be	K ____ ka	S ____ ese
C ____ ce	L ____ ele	T ____ te
D ____ de	M ____ eme	U ____ u
E ____ e	N ____ ene	V ____ uve
F ____ efe	Ñ ____ eñe	W ____ uve doble
G ____ ge	O ____ o	X ____ equis
H ____ hache	P ____ pe	Y ____ ye
I ____ i	Q ____ cu	z ____ zeta

Además es menester agregar que con respecto a la denominación *erre* para la letra *r*, se debe aplicar *doble erre* para *rr*. Tal cual lo expresa el Diccionario panhispánico de dudas, pueden usarse indistintamente los términos abecedario y alfabeto.

Alícuota y alicuota

Término que significa perteneciente a la proporción o que la incluye en sí. Es incorrecta la grafía "alicuota".

Alimentario y alimenticio

"Alimentario" se sugiere utilizar para referirse a los alimentos y a la alimentación; en cambio, "alimenticio" para todo aquello que alimenta o tiene la propiedad de alimentar.

Alineado y aliñado

"Alineado" significa quien toma partido en un conflicto o disidencia; en cambio, "aliñado" implica aderezado, adornado. Obviamente tienen distintos significados, por ello no se pueden usar como sinónimos.

Alternativa y alternativas

Posibilidad de elegir entre dos cosas. Es incorrecto decir: "estoy ante dos alternativas"; debe decirse: "estoy ante una alternativa".

Ambos dos y los dos

"Ambos" expresa el conjunto de dos y adicionar "dos" es una redundancia. Ambos son los dos, uno y otro.

Amnistía y anmistía

El término "amnistía" se refiere al olvido de los delitos políticos, otorgado por la ley ordinariamente a cuantos reos tengan responsabilidades análogas entre sí. Derogación retroactiva de la consideración de un acto como delito, que conlleva la anulación de la correspondiente pena. En cambio, la palabra "anmistía" es una construcción incorrecta.

Amoral e inmoral

"Amoral" significa desprovisto de sentido moral; en cambio, "inmoral", que se opone a la moral o a las buenas costumbres.

Anonimicidad y anonimato

"Anonimato" significa condición o carácter de anónimo; mientras que anonimicidad es un término que no figura en el Diccionario de la Real Academia. "Anonimato" es una palabra muy utilizada cuando se hace referencia a aspectos bursátiles.

Anulación y nulidad

"Anulación" es la acción y el efecto de dar por nulo o dejar sin fuerza una disposición, un contrato, etcétera. Es una acción del sujeto. En cambio, "nulidad" es la cualidad de nulo. Otra acepción es: vicio que disminuye o anula la estimación o la validez de una cosa. Es una condición del objeto.

Apóstrofe y apóstrofo

"Apóstrofe" es una figura que consiste en cortar de pronto el hilo del discurso o la narración para invocar vehementemente a una segunda persona. En cambio, "apóstrofo" es un signo ortográfico auxiliar en forma de coma alta (').

Apropósito y a propósito

"Apropósito" pieza teatral muy breve; mientras que "a propósito" significa adecuado, adrede.

Argot y jerga

"Argot" es un galicisimo con el cual se designa el lenguaje de Germania, es decir, el vocabulario especial de una clase de personas que tienen el mismo oficio o el de la gente de baja cultura de una ciudad o comarca determinadas. Su plural es: los argots. "Jerga" es un lenguaje especial y familiar que usan entre sí los individuos de ciertas profesiones y oficios. Ambos términos se aplican indistintamente.

Asesinato y accidente

"Asesinato" es la acción y el efecto de matar a una persona con alevosía, premeditación, etcétera; en cambio, "accidente" es un suceso, eventual, o una acción de la que involuntariamente resulta un daño para las personas o las cosas.

Asesinato y homicidio

El "asesinato" es el deceso de una persona provocado por la acción premeditada de otra, a cambio de una paga o no. En cambio, el "homicidio" es la muerte causada a una persona por otra sin premeditación y hasta accidentalmente. Asesino y homicida son términos con distintos significados pero tienen en común la privación de la vida; la situación legal es distinta.

Ateo y agnóstico

"Ateo" es aquel que niega la existencia de Dios; en cambio, el "agnóstico" considera imposible el entendimiento de la existencia de un dios creador.

Atrás y detrás

"Atrás" es un adverbio de lugar, significa movimiento, y "detrás", en la parte posterior de un lugar. El automóvil marchó hacia atrás y encontró a Emiliano detrás del estadio. Es incorrecto utilizarlo con posesivos: detrás mío, detrás suyo. Resulta correcto: detrás de mí, detrás de él.

Aún y aun

No lleva tilde cuando equivale a incluso, aunque o siquiera. Se escribe con acento cuando puede sustituirse por todavía sin alterar el sentido de la frase.

Autosuicidio y suicidio

"Suicidio" es la acción o conducta que quita o puede quitar la vida a la persona que lo realiza. Suicida viene del latín *sui*: a sí mismo, y *caedere*: matar. Es decir, el que se quita la vida. "Autosuicidio" es incorrecto y redundante.

Aversión y adversión

"Aversión" es la oposición o repugnancia que se le puede tener, por ejemplo, a un violador. "Adversión", en cambio, significa calidad de adverso, antagónico, desfavorable. El fallo de la Corte resultó adverso.

Avocar y abocar

Avocación es el derecho atribuido a una jurisdicción superior para sacar un proceso tramitado en un tribunal inferior de su competencia. Específicamente, "avocar" significa "atraer o llamar a sí un juez o tribunal superior, sin que medie apelación, la causa que se estaba litigando o debía litigarse ante otro inferior". En cambio, "abocar" significa acercar, dirigir hacia un lugar armas de fuego, tropas, etcétera. También tiene otras acepciones pero ninguna de ellas responde al término avocar.

Bajo y abajo

"Bajo" indica modo y también es una preposición. De poca altura o estatura. "Abajo" significa lugar. Por ejemplo: habla bajo que abajo vive gente.

Balanza comercial y balanza de pagos

La "balanza comercial" refleja los movimientos de importación y exportación de un país en un determinado período; mientras que la "balanza de pagos" se refiere a todas las transacciones económicas que han tenido lugar durante un período entre residentes del país y residentes de otros países.

Balotaje y ballotage

"Balotaje" es una adaptación gráfica del sustantivo francés *ballotage*, que designa la situación que resulta de una votación en la que ningún candidato ha conseguido la mayoría requerida, lo que hace menester una segunda vuelta electoral entre los dos candidatos más votados en la primera. Se recomienda la expresión española segunda vuelta. No se aceptan los términos “ballotaje” o “balottage”.

Barco a vela y barco de vela

Es incorrecto utilizar "barco a vela", se usa la preposición de para expresar el medio por el cual funciona un objeto; por lo tanto, es correcto "barco de vela".

Bianual y bienal

"Bianual" significa que se produce dos veces al año; en cambio "bienal", si es sustantivo femenino, que se celebra cada dos años; si se usa como adjetivo, que dura dos años.

Billón y *billion*

El término "billón" tiene distinto significado en español, en francés y en los Estados Unidos. En estos últimos, equivale a mil millones, es decir, la unidad seguida de 9 ceros. En tanto que en español, billón significa un millón de millones. La confusión radica en que la palabra billón procede del francés *billion*. Es decir, en síntesis, "*billion*" equivale en inglés americano a mil millones, y billón, a un millón de millones. La diferenciación tiene su importancia porque al traducir literalmente la expresión de éste a aquellos idiomas o a la inversa, puede provocar un grueso error involuntario.

Bimensual y bimestral

"Bimensual" significa que se produce dos veces en el mes, es decir, una frecuencia quincenal; mientras que "bimestral" es una vez cada dos meses, es decir, que equivale a cuatro quincenas.

Bis y vis

"Bis" es un adjetivo pospuesto a un número que se refiere al segundo de los elementos de una serie identificados con dicho número. Aplicación de los artículos 18 y 18 bis del Código Civil. En cambio, "vis" significa capacidad para hacer reír.

Boda y matrimonio

"Boda" es el casamiento y la fiesta con que se solemniza; mientras que "matrimonio" es la unión de hombre y mujer concertada mediante determinadas formalidades legales o determinados ritos. Por lo tanto, denotan distintos significados.

Buenos Aires, treinta de enero de 2014 y Buenos Aires, 30 de enero de 2014

La fecha debe escribirse con cifras, por lo tanto debe expresarse: Buenos Aires, 30 de enero de 2014.

Bufete y "buffet"

"Bufete" significa despacho o estudio de un abogado; en cambio, el galicismo "buffet" o el término castellanizado bufé se emplean con el sentido de un conjunto de platos calientes y fríos dispuestos en la mesa para que cada comensal se sirva a su gusto.

Calendario gregoriano y calendario juliano

El "calendario gregoriano" es originario de Europa y utilizado en la actualidad en todo el mundo. Su denominación se debe al papa Gregorio XIII y ha reemplazado al "calendario juliano" en 1582. Éste había sido utilizado desde el año 46 a. de C.

Calificar y clasificar

"Calificar" significa determinar o apreciar las calidades o las circunstancias de una persona o cosa; mientras que "clasificar" es ordenar o disponer por clases. Otra acepción del término es obtener determinado puesto con una competencia.

Canónico y canónigo

"Canónigo" significa "eclesiástico con cargo y prebenda en una catedral"; mientras que "conónico" se refiere a los sagrados cánones y demás disposiciones eclesiásticas. Canonista es la persona que profesa el derecho canónico o es versada en él.

Captación y cooptación

"Captación" es la acción y el efecto de atraer, ganar la voluntad o el afecto. En cambio, "cooptación" es la acción de cubrir vacantes que se producen en el seno de una organización mediante el voto de sus integrantes.

Capturar a los delincuentes y capturar los documentos

Capturar significa aprehender a una persona que es o se reputa delincuente y que no se entrega voluntariamente. Se puede extender a aprehender o apoderarse de cualquier persona, animal o cosa que ofrezca resistencia. Por lo tanto, es inadecuado referirse a los documentos capturados.

Carta magna y constitución

Una "constitución" es un conjunto de derechos que, mediante un pacto libre, se da a sí misma la ciudadanía. En cambio, "carta magna" proviene de un conjunto de prerrogativas otorgadas por el rey a los nobles y, si bien se acepta, no es adecuada su utilización. Ley suprema y ley fundamental son sinónimos de constitución.

Cartel y cártel

Organización ilícita que trafica con drogas o con armas. Convenio entre empresas para evitar la competencia. Es un nombre común, por lo tanto, debe escribirse con inicial minúscula: el cartel de Medellín. Puede acentuarse o no, es recomendable no hacerlo.

Cesantear y cesar

"Cesantear" se usa en el lenguaje administrativo y periodístico con el sentido de "despedir a alguien del trabajo". No significa "cesar". Este último término se aplica con el sentido de terminarse, dejar de producirse o dejar de hacer algo.

Cesantear y despedir

El verbo "cesantear" ha sido aprobado como tal en reemplazo de "despedir" (dejar de desempeñar un empleo o carga o haber sido privado de él).

Cesar y dimitir

"Cesar" significa dejar de desempeñar algún cargo o empleo; también, dejar de hacer lo que se está haciendo; mientras que dimitir es renunciar. La diferencia radica en que alguien dimite y a alguien lo cesan.

Ch y ll

Las letras ch y ll ya no pertenecen más al abecedario en español. No obstante ello, las combinaciones de dichas letras se siguen usando normalmente.

Cabe aclarar que los dígrafos ch y ll no se tuvieron en cuenta como signos independientes a partir de 1994. La ch se incluyó en la letra c y la ll en la letra l. Es decir, igualmente se los consideraba letras del abecedario.

CIA Y CÍA

Las siglas escritas íntegramente en mayúsculas no llevan nunca tilde, ni siquiera cuando la letra en la que recae el acento prosódico de la sigla es la inicial de una palabra que se acentúa gráficamente en la expresión desarrollada, por lo tanto sólo es correcto CIA (Central Intelligence Agency).

Cifras récord y cifras récords

El término inglés "record", marca o mejor resultado homologado en la práctica de un deporte. En español es recomendable récord y su plural récords, por lo tanto es incorrecto "cifras récord", debe decirse "cifras récords".

Clima y tiempo

"Clima" significa conjunto de condiciones atmosféricas que caracterizan una región; en cambio, "tiempo" se refiere a estación del año, edad, oportunidad, ocasión para hacer algo. Evidentemente, no es correcto utilizarlos como sinónimos.

Coherente y consistente

Es bastante común el empleo de coherente en lugar de consistente. "Coherente" significa que tiene relación, conexión o unión de más cosas con otras; mientras que "consistente", que tiene estabilidad, solidez, duración.

Coludir y colusión

"Coludir" signifca pactar en daño de tercero; mientras que "colusión" es la acción y el efecto de coludir.

Comicio y comicios

Se entiende por "comicios" las reuniones y los actos electorales; siempre debe utilizarse en plural. El adjetivo correspondiente es comicial, relativo o perteneciente a los comicios. Es incorrecto usar la palabra "comicio".

Comparecencia y comparecimiento

"Comparecencia" es acción y efecto de comparecer. Es incorrecto "comparecimiento", comparencia o comparición. El adjetivo derivado es compareciente, es decir, que comparece; es usado frecuentemente como sustantivo. El compareciente expresó que la acción fue premeditada.

Competer y competir

Términos que tienen significados distintos. "Competer" significa corresponder o incumbir a alguien o algo; mientras que "competir", rivalizar, se refiere a contender dos o más personas entre sí, aspirando unas y otras con empeño a una misma cosa.

Comprobar y demostrar

En diversas oportunidades se utilizan como sinónimos pero en realidad tienen significados distintos. "Comprobar" implica verificar, confirmar la veracidad o exactitud de algo; mientras que "demostrar" es declarar, manifestar o probar mediante cualquier forma.

Con que y conque

"Con que" significa así que, por tanto. En cambio, conque es una conjunción ilativa que se usa para enunciar una consecuencia natural de la que acaba de expresarse. Equivale a con la cual.

Concejo y consejo

Por "concejo" se entiende una corporación municipal; en cambio, "consejo" significa dictamen o parecer que se toma para hacer o no hacer una cosa; también, corporación consultiva encargada de informar al gobierno sobre determinado tema, o cuerpo administrativo y consultivo de distintos tipos societarios.

Confidencialidad y off the record

"Confidencialidad", es un sustantivo que se refiere a la expresión información confidencial; en tanto que "off the record" es una grafía inglesa que se emplea en el lenguaje periodístico para referirse a un comentario extraoficial que no puede divulgarse.

Confiscación y expropiación

"Confiscación" significa la acción y el efecto de privar a alguien de sus bienes y entregarlos al Fisco. En cambio, "expropiación" implica privar a alguien de la titularidad de un bien pero a cambio de una indemnización; es decir que existe la exigencia de que se abone su valor.

Conforme a y conforme con

Conforme denota relaciones de conformidad, modo o correspondencia. Se usa "con arreglo a" o "según" y se emplea normalmente conformando la expresión "conforme a". Por ejemplo: "conforme al Código de Comercio"; pero tambíen se admite su uso sin "a".

Conforme el dictamen. Es incorrecto: lo explicita conforme lo resuelto.

Conmemorar y celebrar

"Conmemorar" es hacer memoria y recordar a una persona o cosa, especialmente si se celebra con un acto o ceremonia, en cambio "celebrar" significa alabar, aplaudir algo, referido a personas. También realizar un acto, una reunión, etc.

Continuación y continuidad

Estos sustantivos no son intercambiables. "Continuación" designa una acción y un efecto; en cambio, "continuidad" consiste en una cualidad o condición.

Control y contralor

"Control" significa comprobación, inspección, fiscalización, intervención; en cambio, "contralor" es un funcionario encargado de examinar las cuentas y la legalidad de los gastos fiscales.

Crecimiento negativo y decrecimiento

Crecer significa "aumentar de tamaño". Hablar de crecimiento negativo de una economía en realidad, debería utilizarse decrecimiento, disminución o decremento; es decir, merma de una cosa. Resulta incongruente hablar de crecimiento negativo; por ello, es conveniente utilizar resultado negativo o decrecimiento.

Cuestionar y preguntar

Ambos términos no son sinónimos. "Cuestionar" significa "poner en duda lo afirmado por alguien"; también controvertir un punto dudoso, y "preguntar", demandar e interrogar o hacer preguntas a uno para que diga y responda lo que sabe sobre un asunto.

Culpar y culpabilizar

"Culpar" significa atribuir la culpa, la utilización de "culpabilizar" en su reemplazo es incorrecta, es un término que no figura en el Diccionario de la Real Academia Española.

Currículum vitae y currículo

La expresión "currículum vitae", de origen latino, significa: relación de los antecedentes de una persona. Se usa como locución nominal masculina para designar la relación de los datos personales, la formación profesional y/o académica y los méritos personales. El plural es invariable, los currículum vitae. Como sinónimo se utiliza la forma "currículo", con un plural regular currículos. Es decir, se ha hispanizado.

Dar e impartir

Un juez no da justicia, la imparte. Es decir, impartir denota la idea de repartir, comunicar pero en el sentido de distribuir.

De acuerdo a y de acuerdo con

Convenio, según o conforme a. De acuerdo con las normas legales. No es correcto "de acuerdo a...".

De ahora en más y desde ahora

La expresión "de ahora en más" es incorrecta. Más es un adverbio que denota exceso y que no tiene ningún tipo de equivalencia con adelante. Por ello lo más adecuado y preciso es "desde ahora".

De facto y *de iure*

De facto significa sin reconocimiento jurídico, por la sola fuerza de los hechos. En cambio, por *de iure* o *de jure* se entiende con reconocimiento jurídico, de derecho, legalmente.

Deber de y deber

Deber se debe utilizar para indicar una obligación. Usted, como deudor, debe pagar. El deber de indica generalmente suposición. Debe de ser cierto cuanto dice por el empeño que pone en demostrarlo.

Decenios y décadas

Ambos términos significan períodos de diez años consecutivos. Pero decenio se utiliza para designar el período de diez años comprendido entre dos años cualesquiera; en cambio, década se usa para referise a cada una de las decenas del siglo, y cada una de ellas se inicia en un año terminado en 1 y finaliza en un año termiando en 0. En síntesis, de 1978 a 1987 es un decenio y de 1981 a 1990 es una década. En ambos casos el período es de diez años. Es recomendable utilizar expresiones como la década de los cuarenta, de los cincuenta, etcétera, referidas a los decenios que comprenden los años de cada siglo que tienen la misma cifra en su decena.

Décimo séptima y decimoséptima

Los ordinales compuestos correspondientes a la primera y a la segunda decena se pueden escribir en una o en dos palabras. No obstante ello, son aconsejables las grafías univerbales. La tercera decena solamente emplean las grafías pluriverbales. Ejemplo: cuadragésimo segundo.

Declaraciones por parte de los testigos y declaraciones de los testigos

Un vicio frecuente es escribir "declaraciones por parte de los testigos" cuando corresponde decir "declaraciones de los testigos". Error similar es "disparos efectuados por parte de los delincuentes", en lugar de "disparos efectuados por los delincuentes".

Decretar y declarar

El término decretar es una orden de la autoridad que tiene fuerza de ley. En cambio, declarar es manifestar, afirmar, decir oficialmente o con énfasis. Decreto ley es un decreto promulgado con carácter de ley, por razones de necesidad y sin intervención de la legislatura. El plural es decretos leyes y no decretos ley. Es una práctica común escribir el sintagma con guión, es decir, decreto-ley, aunque no es lo sugerido por la Real Academia Española.

Decreto ley y decretos leyes

Un decreto es una disposición emanada de la ley e inferior a ésta, mientras que decreto ley es un decreto promulgado con carácter de ley por el Poder Ejecutivo, sin intervención de la legislatura. Es conveniente no utilizar el guión. En los textos oficiales se escribe con mayúscula cuando se refiere a uno determinado; por ejemplo: el Decreto 2501. Cuando no está referido específicamente a uno se escribe con minúscula. El plural es decretos leyes y no decretos ley.

Déficit y superávit

Términos de origen latino que comenzaron a utilizarse en el ámbito económico a finales del siglo XVIII. Déficit significa diferencia negativa entre ingresos y egresos, mientras que superávit es una diferencia positiva entre ingresos y egresos. Los plurales de ambos términos son: déficits y superávits, respectivamente.

Delante nuestro y delante de nosotros

Es común e incorrecto que algunos adverbios de lugar (delante, detrás, etc.) sean combinados con los pronombres posesivos mío, nuestro, etcétera. Lo correcto es utilizar el adverbio seguido de la preposición de: delante de nosotros.

Deliberante y consultivo

Deliberante se refiere a las corporaciones cuyos acuerdos, tomados por mayoría de votos, permiten tomar decisiones de carácter obligatorio; en cambio, el término consultivo aparece en los órganos colectivos cuando sus facultades se limitan a la emisión de declaraciones y sugerencias, pero sin carácter ejecutivo.

Delimitar y limitar

Delimitar significa determinar o fijar con precisión los límites de una cosa; mientras que limitar implica poner límites a una acción o a una cosa; por lo tanto, son conceptos distintos.

Demás y de más

El término "demás" significa "los otros", las otras; mientras tanto "de más" se refiere a un exceso, en demasía.

Denuncia y acusación

El término denuncia significa la facultad que le asiste a aquella persona que hubiese sido testigo o tenido conocimiento de algún delito; mientras que la acusación se refiere a la acción o el efecto de acusar o acusarse. No deben usarse como sinónimos.

Desavenencia y desaveniencia

Desavenencia significa oposición, discordia, contrariedad; mientras que desavenencia es un barbarismo.

Descendente y descendiente

Descendente significa que desciende, disminuye o baja, es un adjetivo; mientras que descendiente es hijo, nieto o cualquier persona que desciende de otra, es un sustantivo; por lo tanto, es incorrecto usar ambos términos como sinónimos.

Desde ese punto de vista y bajo ese punto de vista

La preposición "desde" significa el punto de origen, de partida, por lo tanto es correcta la expresión "desde ese punto de vista" no se debe usar "bajo ese punto de vista".

Desertización y desertificación

Pueden emplearse como sinónimos, aunque la primera expresión se ha usado tradicionalmente en especial. el significado es convertir en desierto.

Desigualdad e inequidad

Desigualdad es un concepto matemático que expresa la falta de igualdad existente o supuesta entre dos cantidades, es un concepto que se utiliza más en estadística. Mientras que inequidad es falta de disposición del ánimo que mueve a dar a cada uno lo que merece. También se utiliza como carencia de la justicia material, en oposición a la letra de la ley positiva. Es decir, es un concepto moral o ético. Por lo tanto, no es aconsejable utilizar ambos términos como sinónimos.

Desistimiento y desestimiento

Desistimiento es acción y efecto de desistir, es decir, abdicar o abandonar un derecho; su sinónimo es desistencia, aunque su aplicación es poco frecuente. En cambio, desestimiento es un barbarismo.

Detentar y tener

Por detentar se entiende poseer o retener algo, generalmente un cargo o un título, ilegítimamente. Si la posesión es legítima, es improcedente utilizar este vocablo. Es decir, detenta quien tiene o posee algo sin derecho; es el caso de un usurpador. Mientras tanto, el tenedor es el que tiene, dispone de un título y su posesión es legítima; el que posee legítimamente alguna letra de cambio u otro valor endosable.

Deteriorar y deteriorizar

"Deteriorar" significa degenerarse, estropear, empeorar; en cambio "detereorizar" es un barbarismo.

Deudo y pariente

"Deudo" significa pariente, ascendiente, descendiente o colateral de su familia. Es erróneo emplear “pariente de un muerto”, asiduamente empleado en las necrológicas. "Pariente" de una persona se refiere a cada uno de los ascendientes, descendientes y colaterales de su misma familia, ya sea por afinidad o por consanguinidad.

Devaluación y extinción

En economía, en reiteradas ocasiones se ha mencionado que el peso argentino se ha devaluado un 200 %. ¿Es posible devaluar ese porcentaje? Rotundamente no. Si el ciento por ciento es el todo y se devalúa el 200 %, entonces el peso desaparece. Es decir, se produce su extinción, su desaparición. Supongamos la siguiente paridad cambiaria:

$ 1 (argentino) = 1 dólar estadounidense.

Si se produce una devaluación del peso y se requieren $ 4 para adquirir u$s 1,

$ 1 = u$s 1 ∴ $ 4 = u$s 1.

Es decir, se produjo un incremento del precio del dólar estadounidense de 3 pesos.

O sea, que los $ 3 adicionales de incremento significan un 75 % de devaluación. Ello resulta muy distinto a decir que se devaluó el 300 %. Se podría decir que se necesita un 300 % más de pesos para adquirir 1 dólar.

Devastar y desbastar

"Devastar" significa destruir totalmente, mientras que "desbastar" es quitar lo basto; por lo tanto tienen contenidos distintos. Tampoco deben utilizarse debastar y desvastar.

Día lunes y lunes

Es redundante anteponer día. Está sobreentendido que los siete son cada uno de los días. Éstos se escriben siempre con minúsculas.

Dictadura y tiranía

La "dictadura" es una forma transitoria de gobierno impuesta por la necesidad bajo condiciones excepcionales y que prescinde en parte o en un todo del ordenamiento jurídico de un país. Mientras que la "tiranía" es una reacción violenta contra una forma o estado político. Es un abuso extraordinario de cualquier fuerza o poder.

Dictaminar y sentenciar

"Dictaminar" significa emitir opinión y juicio sobre una cosa. Es decir, puede interpretarse como "tomar consejo". En cambio, "sentenciar" es dictar sentencia y afirmar o aseverar. Un juez no opina ni aconseja ni dictamina; sólo dicta sentencia. Un tribunal, una cámara judicial, una Corte Suprema de Justicia no dictaminan; dictan sentencia.

Dieciséis y veintinueve

Desde el "deciséis" hasta el "veintinueve" se escriben en una sola palabra.

Diez kg y 10 kg

En todos los textos científicos y/o técnicos, las cifras de las magnitudes, las cantidades y/o las medidas referidas a operaciones o fórmulas deben escribirse con números.

Digresión y disgresión

"Digresión" significa "ruptura, desvío del hilo del discurso con algo vagamente relacionado". "Disgresión" es un barbarismo.

Dimitente y dimitido

El término "dimitido" no debe utilizarse para referirse a la persona que dimite; "dimitente" o dimisionario son las palabras adecuadas que deben usarse.

Discreción y discrecionalidad

La palabra "discreción" significa prudencia o reserva. Sensatez de juicio. Mientras que "discrecionalidad" es aquello no sometido a regla, que depende del criterio de una persona, que lo hace libre y prudencialmente. También se aplica a la potestad gubernativa en las funciones de su competencia que no están regladas.

Divergir y diverger

"Divergir" es discrepar, discordar; mientras que "diverger" es una palabra mal empleada, es inexistente.

Doctor y doctor (con mayúscula o con minúscula)

Los cargos, títulos, tratamientos honoríficos y nombres de dignidad, cuando acompañan al nombre propio, deben llevar su inicial escrita con minúscula. El doctor Pedro Pérez; el presidente Orlando Greco, etcétera.

Doctorado honoris causa y doctorado honoris causa (con mayúscula o con minúscula)

El significado es por razón o causa de honor. Reconocimiento a los méritos de una persona. Es recomendable la utilización de ambos términos con minúscula inicial.

***Dossier* y expediente**

"Dossier" es el conjunto de documentos sobre un asunto que se guardan juntos. Su plural es

dossieres. También se pueden utilizar como sinónimos las palabras españolas "expediente" o carpeta. El término "dosier" proviene del francés "dossier".

Eficacia y eficiencia

La "eficacia" es cumplir un objetivo, alcanzar una meta; en cambio, la "eficiencia" representa la menor cantidad de recursos necesarios para lograr el objetivo. Los recursos son escasos por lo tanto se pueden y deben utilizar para fines alternativos.

Ejecutar y fusilar

"Ejecutar" significa ajusticiar, dar muerte al reo condenado a ella. A su vez, ajusticiar es ejecutar en un reo la pena de muerte. En cambio, "fusilar" es ejecutar a una persona con una descarga de fusilería.

Ejemplaridad y ejemplo

"Ejemplaridad" es la cualidad de dar un buen ejemplo; mientra que "ejemplo" es la acción o conducta que puede incluir a otros a que la imiten.

El agravante y la agravante

Se pueden utilizar las dos formas. Pero en caso de aparecer un sustantivo de agravante debe emplearse el género del sustantivo. El término se refiere a la circunstancia agravante. Es un motivo legal para incrementar la responsabilidad penal del condenado. Aumento de la gravedad de algo. Desde el punto de vista jurídico se refiere la grafía la agravante.

El alto representante y la alta representante

La formación más adecuada es aplicar el femenino o el masculino de acuerdo con su género; es decir, debe expresarse la "alta representante" y no "la alto representante".

El atenuante y la atenuante

Atenuante es aquello que disminuye la gravedad de algo. Jurídicamente, es más adecuado emplear el femenino, puesto que en ese contexto la palabra atenuante es sinónimo de la expresión circunstancia atenuante. Es decir, es un motivo legal para disminuir la responsabilidad penal del condenado.

El cómplice y la cómplice

Es correcto utilizar ambas formas. Se entiende por "cómplice" a quien colabora en un acto delictivo o en una acción normalmente reprobable. El complemento de persona puede ir precedido de las proposiciones "de" o "con". "Ellos pueden ser cómplices con el evasor". Se es cómplice en algo con alguien.

El cónyuge y la cónyuge

"Cónyuge" significa marido y mujer, según el artículo que se anteponga. Este término puede utilizarse de acuerdo con el sexo de la persona, por ello ambas grafías son adecuadas. Es decir, existe una única forma para los dos géneros o sea que se puede usar para referirse al sexo masculino o para el femenino

El detonante y la detonante

"Detonante" significa agente capaz de producir una detonación y hecho desencadenante, es masculino, es incorrecto "la detonante"

El día siguiente y el día después

El artículo determinante "el" no admite el agregado del adverbio "después"; por lo tanto, es incorrecto "el día después", debe escribirse "el día siguiente". Sí es correcto "un día después", "un mes después".

El etc. y la etc.

Etcétera es una expresión latina que significa lo que falta, y lo demás, que casi siempre se utiliza mediante su abreviatura "etc". Se puede utilizar el etcétera y la etcétera y su plural es etcéteras. Si la oración finaliza con etc., no debe adicionarse el punto final.

El número de adictos de esta droga ha aumentado y el número de adictos a esta droga ha aumentado

Es incorrecto utilizar "de" en este complemento. Es decir, es correcto: "El número de adictos a esta droga ha aumentado".

El orden del día y la orden del día

"El orden del día" se refiere a la lista ordenada de temas en una reunión. Por otra parte, "la orden del día" significa una determinada orden que se da cada día a los cuerpos de las Fuerzas Armadas.

El técnico y la técnica

La grafía "técnico" se refiere a la persona que posee los conocimientos especiales de un arte o ciencia. No debe utilizarse el masculino para referirse a una mujer. Es correcto "la técnica".

El WI-FI y la WI-FI

WI-FI es la tecnología de comunicación inalámbrica más utilizada en la actualidad. Es una abreviatura de wireless fidelity. Ambas formas son correctas. Se utilizan en función del sustantivo al cual se refieren. El sistema WIFI y la zona WIFI.

Elocución y alocución

"Elocución" y "locución" significan modo de hablar o expresarse, también acto de habla o expresión oral; mientras que alocución implica un discurso breve.

Eminente e inminente

"Eminente" significa que sobresale por su tamaño entre lo que lo rodea; en cambio, "inminente" es aquello que está a punto de ocurrir o suceder.

Empréstito y préstamo

El "empréstito" es un contrato público de naturaleza especial, de derecho público, en el que el poder y la autoridad del Estado se manifiestan en el marco contractual para fijar las cláusulas de una forma unilateral; en cambio, un "préstamo" es un contrato genérico mediante el cual el prestamista entrega dinero al prestatario con el fin de su uso por parte de éste y con el compromiso de su posterior devolución al cabo de cierto tiempo, además de los intereses pactados.

En base a y según la información

"En base a" es una expresión incorrecta. No debe escribirse jamás: "podemos expresarnos en base a la información de que disponemos", sino "según la información o basándonos en los datos".

En cambio y sin embargo

"En cambio" expresa una oposición total, mientras que "sin embargo" significa una oposición parcial. No es correcta la utilización de una expresión en lugar de la otra.

En el futuro y a futuro

Trabajar "a futuro" es lo más sensato, es una expresión incorrecta, debe expresarse: "trabajar en el futuro es lo más sensato.

En nombre de y a nombre de

Son expresiones correctas, pero tienen distintos significados. "En nombre de" significa en representación de alguien; mientras que "a nombre de" se refiere con destino a alguien.

En profundidad y con profundidad

"Profundidad", en un sentido figurado, significa penetración y viveza del pensamiento de las ideas: "Analiza la situación política en profundidad": esta expresión es incorrecta, debe escribirse: "analiza la situación política" con profundidad (profundamente).

En relación con y en relación a

Relacionar significa tener o establecer relación con una cosa o persona. Es correcto "en relación con" o bien "con relación a", pero es incorrecto "en relación a".

Encausar y encauzar

El término "encausar" significa proceder contra alguien judicialmente; en cambio, "encauzar" se aplica para encaminar o dirigir algo por buen camino, o bien, para dirigir una determinada corriente de agua por un cauce.

Enseguida y en seguida

"Enseguida" significa inmediatamente, a continuación, en un período corto; es recomendable esta escritura, aunque también es válida la grafía "en seguida".

Entierro y funeral

"Entierro" es acción de enterrar, poner bajo tierra, en cambio, "funeral" se refiere a la pompa y solemnidad con que se hace un entierro o unas exequias. Tienen distintos significados.

Entrar en vigencia y entrar en vigor

El término vigente se aplica a las leyes, ordenanzas, estilos y costumbres que están en rigor y observancia; mientras que vigor significa fuerza de obligar en las leyes u ordenanzas o duración de las costumbres o estilos. Por lo tanto, conviene emplear “entrar en vigor” o “estar vigente”.

Erario y tesoro

"Erario" significa los recursos monetarios y de otros valores en poder del Estado para satisfacer sus gastos e inversiones. Este término siempre es público; en cambio, "tesoro" es aquello que se guarda; es un concepto genérico y puede ser público o privado. Dinero o capital que se tiene guardado.

Errar y herrar

Ambos verbos generan ciertas dificultades en su uso. "Errar" significa no acertar, vagar, equivocarse.

Deriva del latín *errare*. En cambio "herrar", significa clavar las herraduras a un caballo.

Escuchar y oír

La palabra "escuchar" se empela en el sentido de poner atención o aplicar el oído para "oír", es decir, la acción es voluntaria e implica intencionalidad por parte del sujeto, a diferencia de "oír", que significa, sin más, percibir por el oído lo que se dice. "Oír" tiene un significado más amplio que escuchar y, a veces, puede emplearse en lugar de éste. Pero también es cierto que es poco aconsejable la relación inversa. En síntesis, oír es percibir con el oído los sonidos y escuchar, prestar atención a lo que se oye.

Eslogan y *slogan*

"Eslogan" significa lema publicitario o político, es la adaptación gráfica de la palabra inglesa *slogan*. El plural es eslóganes y no eslógans.

Esotérico y exotérico

"Esotérico" significa oculto, reservado o impenetrable para los no iniciados; propio de las ciencias ocultas. Mientras que "exotérico" expresa algo común, accesible par el vulgo.

Español y castellano

Ambas palabras son válidas; no obstante, el término "español" resulta más recomendable por carecer de ambigüedad, ya que se refiere indubitablemente al idioma que utilizan en la actualidad más de 450 millones de hispanohablantes.

Especia y especie

La palabra "especia" se refiere a una sustancia vegetal aromática que se utiliza generalmente como condimento; en cambio, "especie" es un conjunto o clase de seres semejantes entre sí por tener uno o varios caracteres comunes.

Espurio y espúreo

El término espurio significa "falso, adulterado, que degenera su origen". Es errónea la forma espúreo que, a menudo, aparece en diversos escritos.

Estadio y estadío

Con el significado de "recinto con gradería para espectadores" o "etapa de un proceso", debe escribirse en todas sus acepciones sin tilde en la i. Es incorrecta la grafía "stádium".

Estados Unidos y EE UU

"EE UU", es una abreviatura y no una sigla, debe escribirse con espacio. Es necesario aclarar que cuando se expresa: "los Estados Unidos" han... es correcto; pero también lo es cuando no se usa el artículo: "Estados Unidos" ha... .

Estadounidismo y espanglish

"Estadonidismo" significa palabra del español hablado en los Estados Unidos de América; mientras que "espanglish", es una modalidad de los hispanos de los Estados Unidos, la cual está compuesta por léxicos y aspectos gramaticales del inglés y del español.

Este acta y esta acta

El acta es estrictamente la relación escrita de lo acordado en una asamblea. Es voz femenina. Al iniciar por a tónica, es necesario el uso del artículo "el" si entre ambos elementos no se interpone otra palabra: "Se entregó el acta de la asamblea". Cuando se usa el artículo indefinido, es más adecuada la forma un, similar a lo que ocurre con los indefinidos "alguno" y "ninguno": algún acta, ningún acta. Los restantes adjetivos determinativos deben ir en femenino: "esta acta", la otra acta, etcétera.

Esto, eso y aquello

Este tipo de demostrativos neutros sólo pueden utilizarse como pronombres y se escriben sin tilde.

Etcétera y etc.

Se utiliza "etcétera" para cerrar enumeraciones incompletas. Siempre debe expresarse precedida de una coma y se usa normalmente en su forma abreviada: "etc". Si la oración termina con etc., no debe agregarse el punto final, pues el punto obligatorio de la abreviatura lo reemplaza.

Ética y moral

Ciencia que trata del bien en general y de las acciones humanas en orden a su bondad o a su malicia. Este concepto encierra los términos "ética" y "moral", los cuales, en principio, son sinónimos. Únicamente a nivel filosófico aparece la distinción. Ética o filosofía moral es la ciencia de la conducta humana en relación con el bien y el mal, cuyos principios emanan de la razón. En cambio, moral o teología moral es la ciencia que trata de los actos humanos en orden a su bondad o malicia, a la luz de los principios revelados; es decir, la ética sería un tratado filosófico y la moral, un tratado teológico.

Evento y suceso

"Evento" significa acaecimiento, cosa que sucede, hecho imprevisto o que puede acontecer; en cambio, "suceso", hecho delictivo o accidente desgraciado; también cosa que sucede, especialmente cuando es de alguna importancia.

Ex abrupto y exabrupto

Términos que tienen significados distintos. "Ex abrupto" significa "de improviso o de manera brusca"; mientras que "exabrupto", dicho inesperado e inconveniente.

Ex presidente y expresidente

"Ex" es un prefijo que, con el significado de "fuera, más allá", se emplea también antepuesto a ciertos nombres de personas, como cargos, dignidades, oficios, etcétera, y denota que alguien ha dejado de ser lo que fue o que ya no ostenta el cargo o título que tuvo. La partícula "*ex* "se homologa al resto de los prefijos. Se escribe unida cuando sea una palabra simple, expresidente, y se separa cuando la base está constituida por varias palabras, ex capitán general. Ex presidente, ex juez, ex ministro, son voces que deben escribirse de la siguiente manera: expresidente, exjuez, exministro. Esto responde a las recientes modificaciones de la Real Academia Española.

Ex Unión Soviética y antigua Unión Soviética

El Imperio Soviético se disolvió en 1991; por lo tanto, debe decirse la "antigua Unión Soviética". Exactamente, este procedimiento debe ser aplicado a Yugoslavia, es decir, debe escribirse la antigua Yugoslavia y no la ex Yugoslavia.

Exención y carencia

La "exención" es la eximición de algo, es decir, ésta es la consecuencia de un gravamen. Para que exista una exención, previamente tuvo que existir un gravamen. En tanto, "carencia" es la falta o la privación de algo.

Experticia y pericia

"Experticia", vocablo muy utilizado en la Repúbilca Bolivariana de Venezuela, significa prueba pericial. Mientras que "pericia" es habilidad, práctica, sabiduría y experiencia en una ciencia o arte.

Expresiones y palabras latinas

Las "expresiones y palabras latinas" que se utilizan en nuestra lengua llevan acento ortográfico, según las reglas de la tilde en español. Ejemplos: quórum, ídem, ibídem, memorándum, exequátur, vía crucis, ad perpétuam, alma máter, etcétera.

Expropiación y confiscación

"Expropiación" es la acción y el efecto de disponer de, quitar la propiedad particular; deriva del latín *expropiare*. Jurídicamente, implica la quita de la propiedad pero mediante una compensación de pago similar a su valor. La "confiscación" es también una privación de los bienes e incautación que hace el Fisco, pero con un criterio en muchos casos arbitrario y expuesto como una penalidad o sanción.

Extradición y extradicción

"Extradición" significa entrega del refugiado de un país, realizada por el gobierno de éste a las autoridades de otro país que lo reclaman; "extradicción" es un término incorrecto. Es posible que se asocie con la palabra dicción.

Extradir y extraditar

"Extradir" no figura en el diccionario de la Real Academia Española; mientras que "extraditar" significa conceder un gobierno la extradición de un reclamado por la justicia de otro país.

Extrajudicial y judicial

"Extrajudicial" significa fuera del ámbito judicial y se escribe unido sin guión a la palabra base; en cambio, "judicial" es dentro de la administración de justicia o de la sindicatura o perteneciente al juicio.

Exuberancia y exhuberancia

La grafía "exhuberancia" es incorrecta, debe usarse el término "exuberancia" para referirse a algo abundante y copioso.

Facineroso y fascineroso

"Facineroso" significa delincuente habitual. Es incorrecta la grafía "fascineroso". Si estuviera referido al verbo fascinar, el término adecuado sería fascinador.

Falencia y falla

A pesar de su empleo como tales, no son sinónimos. "Falencia" significa error o engaño que se padece en asegurar una cosa, estado de insolvencia o quiebra de un comerciante. En cambio, "falla" es defecto, falta o pérdida.

Fax y faxes

"Fax" es un documento transmitido o recibido mediante este aparato. El plural es "faxes"; no es invariable como en el caso de los tórax.

Fe de erratas y fe de errores

"Fe de erratas" es una lista de las erratas cometidas y observadas en un libro. Se incorpora al inicio o al final del libro con las correspondientes correcciones. En cambio, la "fe de errores" significa informaciones erróneas que aparecen en los medios periodísticos.

Fiscalidad y fiscalización

Por "fiscalidad" se entiende "conjunto de leyes impositivas", sistema fiscal. En cambio, "fiscalización" significa "acción de vigilar con ánimo crítico". En el ámbito impositivo, es la tarea que realiza el organismo competente a los efectos de controlar el cumplimiento de las obligaciones tributarias.

Fue cesado del cargo y fue cesado en el cargo

La expresión correcta es "fue cesado en el cargo". Es necesario analizar los verbos "cesar y dimitir".

Fugarse y profugarse

El término "fugar" significa huir, escapar, poner en fuga; los términos profugar o "profugarse" no existen. Es muy común la utilización de estos últimos con referencia a aspectos legales.

Gasto e inversión

Ambos términos implican una erogación normalmente monetaria, pero tienen una acepción distinta. "Gasto" es lo que se consume, no genera un ingreso; en cambio, "inversión" es la parte del ingreso utilizada en la adquisición de bienes de capital o destinada al incremento de las existencias; es decir, es el empleo de capitales en aplicaciones productivas.

Genocidio y genocida

El término "genocidio" significa crimen cometido para exterminar o eliminar a un grupo social por motivo de religión, de política o de raza. "Genocida", a pesar de no figurar en el Diccionario de la Real Academia Española, es correcto. Persona o grupo que aniquila de manera sistemática a un conjunto social.

Gov y gob

La abreviatura "gov." responde a la utilización en los EE UU de la palabra inglesa *government*. Tiene validez también en italiano y en portugués ya que en ambos idiomas se escribe *governo*.

Gravamen e impuesto

El término "gravamen" designa en forma genérica toda carga, todo aquello que grava una cosa. En cambio, todo "impuesto" es un gravamen; pero no todo gravamen es un impuesto.

Haber y ha habido

"Haber" es siempre verbo unipersonal; sólo se conjuga en tercera persona del singular. El otro haber es un sustantivo, el del conjunto de bienes y derechos o los ingresos devengados. Dado que sólo se expresa mediante la tercera persona del singular, es incorrecto su uso en la siguiente frase así: "han habido muchos damnificados como consecuencia del erróneo fallo". Lo correcto es: "ha habido muchos damnificados como consecuencia del erróneo fallo".

Hacker y pirata informático

"Hacker" es una voz inglesa, "persona con grandes habilidades en el manejo de ordenadores, que utiliza sus conocimientos para acceder ilegalmente a sistemas o redes ajenas. La traducción sugerida y recomendada es "pirata informático"

Hallar y haya

"Hallar" indica movimiento, acercamiento, dar con una persona o cosa que se busca. Estar presente, estar en determinado estado. No debe confundirse "halla", tercera persona del singular del presente de indicativo, con haya, primera y tercera persona del singular del presente de subjuntivo. Haber es un verbo auxiliar que sirve para conjugar otros verbos en los tiempos compuestos.

Hermanastro y medio hermano

Se entiende por "hermanastro" al hijo del marido de la madre o de la mujer del padre. Los "medios hermanos" son aquellos que tienen un progenitor común; en realidad, son hermanos aun siendo sólo de madre o de padre.

Holding y consorcio

"Holding" es un anglicismo utilizado en el ámbito mercantil, es aconsejable utilizar la palabra "consorcio", las expresiones: grupo empresarial, grupo de empresas o grupo financiero.

Homeo y homo

El término "*homeo*" significa parecido, semejante; mientras que "*homo*" implica igual, por ejemplo, homogéneo con respecto a este último.

Homólogo y homónimo

Términos que tienen significados distintos. "Homólogo", que ejerce un cargo equivalente al de otra persona; en cambio, "homónimo" es la persona o cosa que lleva el mismo nombre que otra.

Horas y numeral

Es muy común agregar al numeral que se indica la palabra "horas". La audiencia será a las 15 horas es incorrecto, el término horas no corresponde. Debe utilizarse el "numeral" únicamente ya que es redundante agregar horas. Además, es conveniente que el cardinal esté precedido por los artículos la o las.

Hubo y hubieron

El verbo haber debe usarse en tercera persona del singular. Por ejemplo: "hubo" diez audiencias en el juzgado y no "hubieron diez audiencias en el juzgado". "En el juzgado hubo diez testigos pero no en el juzgado "hubieron" diez testigos". Es correcta la primera redacción e incorrecta la segunda. El verbo haber debe expresarse en tercera personal del singular.

Ilegalizar y deslegalizar

"Ilegalizar" quiere decir que se declara un acto ilegal, de modo que constituirá delito su realización. En cambio, "deslegalizar" significa únicamente que se revoca la situación de legal.

Ilícito e ilicitud

El término "ilícito" es no permitido ética o legalmente; mientras que "ilicitud" es cualidad de ilícito.

Impuesto y tasa

En reiteradas oportunidades se usan como sinónimos incorrectamente. "Impuesto" es una carga exigible por el Estado por medio de un ente de aplicación de leyes tributarias. No existe prestación directa por parte del Estado sino servicios generales, tales como educación, seguridad y salud que el Estado presta. "Tasa" es el tributo cuya obligación tiene como hecho generador la prestación efectiva o potencial de un servicio público individualizado en el contribuyente. Por lo tanto no deben usarse como sinónimos. Siempre los impuestos y tasas se deben escribir con minúsculas.

Impune e inmune

"Impune" significa sin castigo; en cambio, "inmune" es libre o exento de algo considerado molesto o perjudicial e invulnerable. No es correcto utilizar la palabra impune seguida de un complemento con a: "es insólito decidir en un ámbito impune a la Justicia".

Imputabilidad e imputación

La "imputabilidad" es el juicio que se hace sobre un hecho futuro que se prevé únicamente como posible; en cambio, "imputación" es el juicio sobre un hecho realizado. La primera es la contemplación de una idea; la segunda es el examen de un hecho concreto.

Imputado y acusado

Se utilizan, en algunas oportunidades incorrectamente como sinónimos cuando alguien ha sido objeto de una denuncia. El término imputado debe usarse cuando se trata de una investigación judicial, cuando haya finalizado la investigación policial. La facultad de imputar sólo le pertenece a un juez. Acusado significa contra quien se dirige la acusación.

In fraganti y flagrante

"In fraganti" locución latina que significa en el mismo momento en que se está cometiendo el delito o realizando un hecho censurable. La Real Academia Española sugiere utilizar el término "flagrante".

Incautar e incautarse

Apoderarse de bienes relacionados con actividades delictivas. Por influjo de verbos sinónimos como confiscar o decomisar, se considera válido su uso como transitivo.

Incidente y accidente

"Incidente", cuestión distinta del principal asunto del juicio pero relacionada con él, que se trata y decide por separado; mientras que "accidente" significa suceso eventual, imprevisto. No debe usarse como sinónimo de incidente.

Inconstitucional y anticonstitucional

"Anticonstitucional" es contrario a la Constitución o ley fundamental de un Estado; mientras que "inconstitucional" significa opuesto a la constitución del Estado. Por lo tanto funcionan como sinónimos, pero desde el punto estríctamente jurídico, inconstitucional es cuando viola la Constitución y anticonstitucional cunado vulnera conceptos constitucionales y tiende a sustituir el ordenamiento jurídico.

Incrustarse en e incrustarse contra

El verbo incrustar es hacer que un cuerpo penetre voluntariamente en otro o quede adherido a él. El régimen preposicional correcto es "incrustar en" y no "incrustarse contra".

Indemnizar e indeminizar

Significa resarcir un daño o perjuicio a alguien. El término correcto es "indemnizar". "Indeminizar" es totalmente incorrecto.

Indocumentado e inmigrante ilegal

"Indocumentado" significa falta de documento oficial mediante el cual puede ser identificado. También quien carece de una autorización oficial a los efectos de permanecer en otro país distinto al de su origen. Es incorrecto utilizar como sinónimo "inmigrante ilegal" ya es una expresión despectiva y denigrante.

Indulto y amnistía

"Indultar" significa eximir a alguien de una pena; es decir, es una gracia por la cual se anula la pena impuesta por un delito o se conmuta por otra menor. Es un resabio monárquico. En cambio, "amnistía" es la derogación retroactiva de la consideración de un acto como delito, que conlleva la anulación de la correspondiente pena; es un perdón que, generalmente, se brinda a transgresores de tipo político.

Inédito e insólito

En muchos casos se expresan como sinónimos. "Inédito" significa desconocido, nuevo; también escrito y no publicado; en cambio, "insólito" es algo raro, extraño o desacostumbrado. Es decir, son términos distintos.

Inequidad e iniquidad

Son términos con significados totalmente distintos. "Inequidad" es falta de equidad, mientras que "iniquidad" es maldad o injusticia.

Infligir e infringir

"Infligir" significa aplicar un castigo, causar un daño; en cambio, "infringir" es no cumplir una ley o una norma.

Infringir e infrigir

"Infringir", significa quebrantar una ley, precepto o un acuerdo; en cambio, "infrigir" es un error generalmente al cruce con infligir.

Innumerable e incontable

El término "innumerable" significa que no se puede reducir a número; en cambio, "incontable" se refiere a la dificultad o imposibilidad de contar; por lo tanto, es incorrecto utilizar estas palabras como sinónimos.

Insania e insanía

"Insania" es la palabra correcta y tiene tres sílabas; es incorrecta la voz "insanía".

Instrucciones e instructivos

"Instrucciones", generalmente, es un conjunto ordenado para hacer algo determinado. En cambio, "instructivos" es un sustantivo que se emplea para designar a aquello que acompaña a los formularios.

Intención e intencionalidad

Si bien "intencionalidad" significa cualidad de intencional o deliberado, no es igual que intención;

no deben utilizarse como sinónimos. "Intención" es la determinación de la voluntad en orden a un fin.

Intención e intensión

El término "intención" implica propósito, designio, voluntad; mientras que "intensión", en el campo de la lógica, se refiere conjunto de rasgos que componen el significado de un concepto.

Intercesión e intersección

"Intercesión" es la acción y efecto de hablar en favor de alguien para conseguirle un bien o librarlo de un mal. En cambio, "intersección" es el cruce, el punto común a dos líneas que se cortan.

Ínterin e interín

"Ínterin" es entretanto y su plural es invariable: los ínterin; resulta incorrecto el término "interín".

Intra e inter

El término "intra" significa dentro de, en el interior. Por ejemplo: intramuros, dentro de una ciudad o lugar; en cambio, "inter" expresa, entre varios, entre o en medio. A pesar de la clara diferencia entre ambos prefijos, a veces se presta a cierta confusión. Por ejemplo: interamericano, relaciones entre los distintos países americanos.

Jurisprudencia y jurisprudencial

Conjunto de las sentencias de los tribunales, y doctrina que contienen; es sustantivo colectivo. Es incorrecto utilizar "jurisprudencial" ,es un galicismo; en español, debe decirse conforme a jurisprudencia.

La enfiteusis y el enfiteusis

"Enfiteusis" es una cesión por largo tiempo o perpetua del dominio de un inmueble mediante el pago anual de un canon. Debe usarse el femenino, ya que es incorrecto el masculino.

La juez y la jueza

Ambas palabras están permitidas, no obstante ello, la utilización de la expresión "la jueza" se ha incrementado en los últimos tiempos.

La mayoría de abogados y la mayoría de los abogados

Se recomienda la expresión "la mayoría de los abogados", es decir la utilización del artículo "los". La otra mención no es recomendable.

La *mea culpa* y el *mea culpa*

El *mea culpa* es una expresión latina que significa "por mi culpa". Es un reconocimiento de una culpa o error. No debe utilizarse en femenino, no es correcto "la *mea culpa*". En plural es invariable, los *mea culpa.*

La presidente y la presidenta

Los dos términos son correctos y se escriben con minúscula cuando aparecen acompañados del nombre propio de la persona que los posee. Este cargo, que normalmente se escribe con minúscula, puede aparecer en determinados casos escrito con mayúscula. La palabra "presidente" significa, "persona que preside algo" y, en una República, "jefe de Estado". Aunque no sea obligatorio, se escribe con mayúscula cuando no se refiere a una persona específica, sin mención del nombre propio: "El Presidente viajará a Perú la semana próxima".

Por cuestiones de respeto en algunos países, por ejemplo en España, suele escribirse con mayúscula aunque vaya seguido del nombre propio de la persona y también cuando esté referido a las leyes, decretos y cualquier otra norma legal; por ejemplo: el Presidente del Colegio de Graduados.

Lapsus y lapso

"Lapsus" es un error, falta o equivocación que se produce por un descuido; mientras que "lapso" es un período, un intervalo de tiempo.

Latinoamérica y América Latina

"Latinoamérica" significa conjunto de países del continente americano en los que se habla lenguas derivadas del latín, es decir, español, portugués y francés. También se puede escribir "América Latina". Para referirse únicamente a los países de lengua española, es más adecuado usar la palabra hispanoamérica.

Legitimar y legitimizar

"Legitimar" se aplica para dar legitimidad a algo o a alguien. "Legitimizar" debe evitarse, al igual que legitimización. El sustantivo derivado que debe utilizarse es legitimación.

Leso y lesa

"Leso" palabra que proviene del latín *laesus*. Significa lastimado, ofendido, agraviado y normalmente se refiere a quien ha recibido un daño o una ofensa. Lesa humanidad. Leso derecho natural. Crímenes de lesa humanidad. Crimen de lesa majestad. Delito de lesa majestad.

Ley de Divorcio y ley de divorcio

En general los nombres de las leyes, decretos, etc., se deben escribir con inicial mayúscula en todos los verbos, adjetivos y sustantivos. Por lo tanto es correcto: "Ley de Divorcio".

Listo para sentencia y visto para sentencia

"Listo para sentencia" es una deformación de "visto para sentencia". Esta expresión se emplea para denotar que el proceso judicial ha llegado a su finalización y se espera sólo la sentencia.

Los miles de personas y las miles de personas

"Miles" es masculino, los artículos que acompañan deben ir en masculino. Es incorrecto "las miles de personas".

Maltrato y destrato

"Maltrato" es la acción y efecto de tratar mal a uno de palabra u obra; también, menoscabar, echar a perder. En cambio, "destrato" se usa incorrectamente como sinónimo de descortesía o maltrato. El plural de maltrato es malos tratos.

Mánayer y *manager*

El término "mánayer" proviene del inglés *manager*. Designa al gerente o directivo de una sociedad o representante de un artista, de un intelectual o de un deportista. Debe escribirse con tilde. Las voces extranjeras que se emplean con su grafía y pronunciación originarias deben considerarse no adaptadas y escribirse en cursiva. En caso contrario deben expresarse en español.

Márquetin y mercadotecnia

"Márquetin" es la adaptación propuesta para la voz inglesa *marketing*, conjunto de estrategias empleadas para la comercialización de un producto y para estimular la demanda. Se sugiere utilizar con preferencia la voz española "mercadotecnia".

Más y mas

En el primer caso, adverbio comparativo que denota superioridad y/o cantidad. También puede ser adjetivo y conjunción copulativa. En el caso de conjunción adversativa, equivale a pero y se escribe sin tilde.

Masculinidad y masculineidad

"Masculinidad" significa calidad de masculino. No es correcta la forma "masculineidad", creada por analogía con femineidad. Desde el punto de vista jurídico, lo que es propio exclusivamente del varón. Se aplica al derecho y naturaleza de ciertas fundaciones.

***Master* y máster**

Master es una voz inglesa que equivale, en español, a un grado universitario inmediatamente inferior al de doctor, así como la persona que lo posee. También se aplica a licenciatura o curso especializado. En español, debe inscribirse con acento y el plural en español en másteres. El inglés *master* proviene del latín *magister*, que se aplicaba en un sentido general a quien impartía algún tipo de enseñanza.

Matemáticas y matemática

"Matemáticas" es la forma plural de "matemática". La Academia admite ambas formas; no obstante, los matemáticos prefieren el término matemática para denotar su ciencia o disciplina. Para ellos la matemática es una sola. Se escribe con mayúscula cuando se refiere a una institución o a una cátedra.

Mayúsculas y minúsculas

Se escriben con minúsculas:

1) Los nombres de los meses y de los días (enero, lunes);

2) Los nombres de las monedas (dólar estadounidense, lempira, colón);

3) Los tratamientos de cortesía u honoríficos (su santidad, su majestad);

4) Los nombres de las religiones y de las ciencias técnicas (islamismo, derecho, economía, medicina);

5) Los gentilicios (italiano, portugués).

Me acordé de que llegaría y me acordé que llegaría

Es necesario destacar que con determinados verbos se usa la expresión "de que". En este caso se debe usar: "me acordé de que llegaría" (otros verbos: olvidarse, alegrarse, etc.).

Medioambiente y medio ambiente

Se entiende por "medioambiente" el conjunto de condiciones o circunstancias exteriores que tienen influencia en el desarrollo y en las actividades de un ser vivo. Se recomienda la utilización de medioambiente y su plural es medioambientes. Es más adecuado que "medio ambiente".

Mellizo y trillizo

"Mellizo" significa nacido del mismo parto; en cambio, "trillizo", nacido de un parto triple.

Membrecía y membresía

En algunos países latinoamericanos, "membresía" significa conjunto de miembros. Es incorrecto el uso de "membrecía".

Memorándum y memorando

El término "memorando" es un informe en el que se recopilan hechos y razones que deben tenerse en cuenta en un asunto determinado; en cambio, "memorándum" es la variante etimológica latina. Debe usarse memorando y su respectivo plural, memorandos.

Mendicidad y mendacidad

"Mendicidad" es el estado y la situación de mendigo; mientras que "mendacidad" es el hábito o costumbre de mentir, pero no es sinónimo de mentira.

Meritado y mencionado

En algunos escritos judiciales se utilizan incorrectamente ambos términos como sinónimos. El verbo "meritar" significa hacer méritos, mientras que "mencionar" es referirse o recordar a una persona, por lo tanto tienen distintos sentidos.

Mi y mí

Cuando es pronombre personal, debe utilizarse mí; por ejemplo: esto es para "mí". Cuando es pronombre posesivo, debe usarse "mi"; por ejemplo: mi libro está aquí.

Misoginia y androfobia

"Misoginia" es odio o aversión a las mujeres y misógino quien odia a las mujeres, es incorrecto misógeno. Mientras que "androfobia" es aversión morbosa hacia el sexo masculino. Es necesario distinguir este término de androginia, es decir, hermafroditismo.

Mortalidad y mortandad

"Mortalidad" significa número de defunciones en una población y lapso determinados; en cambio, "mortandad" significa multitud de muertes causadas por guerra, epidemia o fenómeno natural.

Motu proprio* y de *motu proprio

"Motu proprio" es una expresión latina que significa "por propia iniciativa, voluntariamente, con movimiento propio". Es bastante común observar la utilización, con ese sentido, de la expresión *de motu proprio*, totalmente incorrecta.

Nacionalismo y patriotismo

El término "nacionalismo" significa: doctrina que exalta en todos los órdenes la personalidad nacional completa, o lo que reputan como tal sus partidarios; en cambio, "patriotismo" es amor por la patria. Sentimiento y conducta propia del patriota.

Naturalismo y naturismo

"Naturalismo" es un sistema filosófico que considera la naturaleza como el primer principio de la realidad. Es una representación realista de la naturaleza; mientras que el "naturismo", es la doctrina que aspira a lograr la vuelta a la naturaleza y la utilización de sustancias naturales para la prevención y la curación de enfermedades.

Norma y ley

No son sinónimos. Una ley puede contener una o más normas. Debe utilizarse el término normativo como conjunto de normas vinculadas o relativas a una materia o tema determinado.

Nosocomio y hospital

"Nosocomio" significa hospital de enfermos; mientras que "hospital" tiene un sentido más amplio. Casa que sirve para recoger pobres y peregrinos por tiempo limitado. También establecimiento destinado al diagnóstico y tratamiento de enfermos, donde se practican la investigación y la enseñanza.

Número y cifra

"Número" es una entidad abstracta que expresa cantidad, mientras que cifra es un símbolo que se utiliza para representar gráficamente el número. No obstante lo expuesto en el lenguaje común se utilizan de manera indistinta. La grafía "cifra" puede aplicarse con dos sentidos: para referirse a cada uno de los símbolos que componen individualmente la representación gráfica de un número; o para referirse al conjunto constituido por varios de ellos en la representación de un número específico.

o y ó

Conjunción que por razones de claridad se sugería escribir con tilde cuando estaba entre números. Por ejemplo: 5 ó 6, 10 ó 11. Cuando iba entre un número y una palabra no debía tildarse. En la actualidad, de acuerdo con la Real Academia Española la conjunción *o* se debe escribir siempre sin tilde. Cuando la "*o*" precede a una palabra que comienza por el mismo sonido, se reemplaza por la forma *u*.

Obligatoriedad y obligación

No son sinónimos. Mientras que "obligatoriedad" significa "necesidad de ser hecho, cumplido u obedecido", aquello que obliga a su cumplimiento y ejecución; "obligación" es aquello que alguien está obligado a hacer. Su sinónimo es deber.

Ojalá y ojala

"Ojalá" expresa el deseo de que algo ocurra o suceda. Es necesario resaltar que el acento principal recae en la última sílaba, por ende siempre debe escribirse como palabra aguda, por lo tanto es incorrecto la palabra "ojala".

Ológrafo y hológrafo

El testamento o la memoria testamentaria de puño y letra del testador puede adoptar cualquiera de las dos grafías.

Otrosí digo y otro sí digo

Expresión que significa cada una de las peticiones o pretensiones que se colocan después de la principal. Es decir, equivale a "además". Se debe escribir "otrosí digo" y no "otro sí digo".

Parricida y matricida

"Parricida" es la persona que mata a su ascendiente o descendiente, directos o colaterales, o a su cónyuge. El "parricida", "la parricida". En cambio, "matricida" es la persona que mata a su madre. El matricida, la matricida.

Partidario y partidista

"Partidario" se refiere a quien apoya algo o alguien; en cambio, "partidista" significa que manifiesta o implica partidismo, adhesión total a un partido, persona u opnión que impide ser imparcial.

Peligrosidad y peligro

Son términos que no deben confundirse. "Peligrosidad" significa calidad de peligroso, mientras que "peligro" es "riesgo o contingencia inminente de que suceda algún mal".

Penitenciaría y penitenciería

"Penitenciaría" es el establecimiento penitenciario en el cual sufren sus condenas los penados, sujetos a un régimen expiatorio y regenerador para enmendarlos y mejorarlos. No es admisible "penitenciería".

Pensionado y pensionista

"Pensionado" quien tiene o cobra una pensión; en cambio, pensionista es quien tiene derecho a percibir una pensión.

Pericia y peritación

"Pericia" significa experiencia y habilidad en una ciencia o arte. En realidad, normalmente este término se utiliza para denotar aptitud, estudio o dictamen que realiza un perito en virtud de sus conocimientos profesionales. Por lo tanto, aparecen la pericia psicológica, la pericia judicial, la pericia médica, etcétera. El término peritaje remite a "peritación", trabajo o estudio que hace un perito. Es pertinente el uso de pericia como sinónimo de peritación.

Perjuicio y prejuicio

"Perjuicio" es daño o detrimento, efecto de perjudicar o perjudicarse. En cambio, "prejuicio" significa un juicio previo o idea preconcebida, por lo general, desfavorable.

Permisividad y permisibilidad

"Permisividad" cualidad que permite o consiente y tolerancia excesiva; mientras que "permisibilidad" es la posibilidad de ser permitido.

***Persona non grata* y personas non gratas**

Expresión latina que significa persona no grata. Se refiere a la persona considerada no deseable por una institución o gobierno. Es inadmisible la utilización de "personas non gratas", sólo debe utilizarse en singular y tampoco puede aceptarse *"non grato"* como adjetivo masculino. Por lo tanto, se debe utilizar el término en español no grato o bien la expresión completa persona non grata.

Policíaco y policiaco

Las dos formas son correctas, sólo dependerá de la pronunciación. Normalmente, se refiere al esclarecimiento de un crimen. Se aplica también como "de la policía", aunque resulta más recomendable la utilización del término policial. Por otra parte, policial es aquello relativo o inherente a la policía.

Politicólogo y politólogo

La palabra "politicólogo" no figura en el *Diccionario de la Real Academia Española*, es un neologismo; es correcto utilizar "politólogo". Lo mismo ocurre en el caso de politicología; lo correcto es politología.

Por que y porque

La preposición por y la conjunción *que* constituyen un complemento, ejemplo: Está entusiasmado por que existe una posibilidad; en cambio porque, responde a una conjunción causal. Ejemplo: Renuncio porque estoy cansado.

Por qué y porqué

Por qué está compuesto por la preposición por y el interrogativo *qué*. Se escribe separado cuando es interrogativo. Se pregunta por la causa de lo que se expresa. Porqué, corresponde al sustantivo masculino que expresa causa, motivo o razón. ¿Por qué salió a caminar? El porqué de mi conducta. A veces, equivale a nombre: el porqué de los hechos. El "porqué" es un enlace que introduce una subordinación causal; es decir, existe causalidad y se utiliza para explicar la causa.

Porciento, porcentaje y por ciento

El término "porciento" significa "porcentaje" o tanto por ciento; en cambio "por ciento" es una expresión que se utiliza en los porcentajes, por ejemplo incremento del cinco por ciento. La cifra siempre debe estar precedida por el artículo "el". Sube el 15 % el índice de precios y no sube 15 % el índice de precios.

Post mórtem y *post mortem*

No debe escribirse en una sola palabra. Esta expresión latina significa después de la muerte. Además, ha sido españolizada: "post mórtem".

Precarizado y precariedad

"Precarizado", término que se utiliza especialmente en el empleo para denotar la poca calidad o inseguridad del mismo; en cambio, "precariedad", tiene diversas acepciones: de poca duración, recursos insuficientes, que se posee sin título, etcétera.

Preferencia y privilegio

"Preferencia" significa ventaja o primacía que una persona tiene sobre otra; en otros términos, poder ir delante de otro. Específicamente en el plano jurídico, el derecho del acreedor hipotecario es de preferencia y no de privilegio. En cambio, "privilegio" quiere decir exención de una obligación o ventaja y lo establece la ley independientemente de la persona física a quien beneficia.

Preguntar e interrogar

"Preguntar", hacer preguntas o pedir información acerca de algo tiene como finalidad saciar la curiosidad. Mientras que "interrogar" es examinar mediante preguntas, requerir con autoridad una declaración. Es decir, interroga un juez, un tribunal; en los litigios no se pregunta, se interroga. La pregunta se refiere al deseo de saber algo de una cosa o de un negocio. En cambio, interrogar es una palabra más aplicable a lo requerido con autoridad.

Premier y primer ministro

"Premier" palabra inglesa que se utiliza en español para designar al primer ministro del Reino Unido y en diversas oportunidades al presidente del Gobierno de otros Estados. Es más adecuado reemplazarlo por las locuciones españolas: presidente del gobierno, "primer ministro" o canciller.

Prescrito y prescripto

Derecho, acción o responsabilidad que se extinguió. Se pueden utilizar las dos formas, aunque en la

Argentina y en el Uruguay se utiliza "prescripto". En el caso de prescripto o prescriptible no se elimina la "p".

Prever y proveer

"Prever" es ver antes, prevenir. Se debe prever la ausencia del querellado. "Proveer", en cambio, es suministrar, abastecer. Se debe proveer al magistrado los antecedentes de la causa.

Prima facie y a prima facie

"Prima facie", expresión latina que significa "a primera vista", ello no implica prejuzgar y menos aún juzgar. Es incorrecto "a prima facie".

Primer y primera

Delante de sustantivos femeninos, deben escribirse las formas plenas, "primera" y tercera; es decir, primera voz, primera noche, etcétera. Aquellos que se apocopan son los masculinos "primero" y tercero, ubicados delante de sustantivos masculinos, es decir, primer tiempo, tercer bimestre.

Primero de año y primero de enero

El adjetivo ordinal primero no debe aplicarse en reemplazo de comienzo, por lo tanto, es incorrecta la expresión primero de año, corresponde utilizar "el 1 de enero o el primero de enero". La norma legal tiene vigencia desde el primero de enero.

Prístino y pristino

Resulta impropio el uso de "prístino" en el sentido de limpio o puro. Este término significa original, antiguo, primero, primigenio. No es correcta la forma "pristino".

Privatizar y nacionalizar

"Privatizar" significa transferir una empresa o actividad pública al sector privado; en cambio, "nacionalizar", según el Diccionario de la Real Academia Española es hacer que pasen a manos de nacionales de un país bienes o títulos de la deuda del Estado o de empresas particulares que se hallaban en poder de extranjeros.

Pro forma y proforma

Expresión que significa documento (factura, liquidación, etc.) que se utiliza para cumplir con una formalidad en operación o circunstancia determinada. Debe inscribirse en forma separada. Es decir, factura "*pro forma*"; no debe emplearse en una sola palabra. En plural, es facturas *pro forma*.

Probable y susceptible

"Probable", verosímil o que se funda en razón prudente. También que se puede probar. El término "susceptible" se refiere a la capacidad de recibir modificación o impresión. Es incorrecto utilizar ambos términos como sinónimos.

Proindiviso y pro indiviso

"Proindiviso", adjetivo o adverbio que se utiliza para reemplazar a la locución latina "pro indiviso", es decir, sin dividir, sin repartir. Se pueden usar ambas escrituras.

Promocionar y promover

"Promocionar" significa hacer valer o elevar artículos comerciales, personas, cualidades, etcétera; no debe reemplazarse por el negologismo "publicitar". En cambio, "promover" es iniciar o adelantar una cosa; levantar o elevar a una persona a una dignidad o empleo anterior al que tenía. De acuerdo con lo expuesto, es incorrecto utilizar este término como sinónimo de promocionar.

Propalar y propagar

Son términos con significados distintos. "Propalar" se refiere a "divulgar una cosa oculta"; en cambio, "propagar" es "aumentar, extender o dilatar una cosa".

Proveído y provisto

Se pueden emplear ambos términos. Resulta aplicables ambos, ya que los participios se utilizan en forma indistinta. Resolución judicial interlocutoria o de trámite.

Provisional y previsional

La palabra "provisional" significa aquello que se hace, se halla o se tiene temporalmente; puede emplearse el término provisorio. Mientras que "previsional" se aplica para atender contingencias o necesidades previsibles; generalmente, está relacionado con el sistema jubilatorio.

Prueba y evidencia

La "evidencia" es una certeza clara, manifiesta y tan perceptible que nadie puede dudar de ella. Pero utilizar este término en lugar de "prueba" es un anglicismo. Aquella certeza clara podrá ser confirmada con la prueba. Es decir, ésta es un conjunto de actuaciones que, dentro de un juicio, cualquiera que sea su índole, encaminan a demostrar la verdad o la falsedad de los hechos aducidos por cada una de las partes, en defensa de sus respectivas pretensiones litigiosas.

Quórum y Cuórum

La Real Academia Española recomienda a todos aquellos préstamos de otras lenguas cuya grafía incluya una "q" con valor fónico independiente se adapten por completo al español sustituyendo dicha *q* por las grafías hoy asentadas en nuestra lengua para representar el fonema /k/. Esto supone pasar a escribir cuórum y no quórum. En caso de mantener la *q* etimológica, esta voz debe considerarse latinismos no adaptados. y escribirse, por ello, en cursiva y sin tilde.

Rebelión e insurrección

Por "rebelión" se entiende todo "delito contra el orden público, penado por la ley ordinaria y por la militar, consistente en el levantamiento público y en cierta hostilidad contra los poderes del Estado, con el fin de derrocarlos". Mientras que "insurrección" es el levantamiento, la sublevación o la rebelión de un pueblo, una nación, etcétera.

Recibir y recepcionar

"Recibir" es el verbo tradicional; por ello, además de ser "recepcionar" un neologismo, no resulta necesario ni corresponde utilizarlo como alternativa.

Reemitir y remitir

"Reemitir" significa volver a emitir; mientras que "remitir" implica enviar, diferir o perder intensidad.

Reestablecerse y restablecerse

"Reestablecerse" significa volver a establecerse, mientras que "restablecerse" implica recuperarse de una enfermedad.

Referendo y referéndum

"Referendo" es "el procedimiento jurídico por el que se someten al voto popular leyes o actos administrativos"; su plural es "referendos". Esta variante sobreadaptada responde al deseo de asimilar totalmente los latinismos a las palabras españolas. La otra variante es "referéndum".

Reo y rea

Término que significa persona acusada de un delito. Se puede usar el "reo", la reo o bien la "rea".

Requisito y prerrequisito

El término "requisito" significa condición necesaria para algo. En tanto que "prerrequisito" es un requisito previo a otro u otros. Es decir, deben utilizarse de acuerdo con cada circunstancia y no como si fuesen sinónimos.

Reverter y revertir

Si bien ambos términos son suceptibles de una similar grafía, responden a significados distintos. "Reverter" implica rebasar o salir una cosa de sus límites; mientras que "revertir" es volver una cosa al estado o condición que tuvo antes. Desde el punto de vista jurídico, volver una cosa a la propiedad que tuvo antes o pasar a un nuevo dueño.

Saldo y balance

"Saldo" es una diferencia entre dos cifras o cantidades; puede ser negativo o positivo. En negativo cuando los ingresos superan los egresos y es positivo cuando es a la inversa. En cambio, el significado de "balance" es la presentación de un estado contable en el cual aparecen el activo, el pasivo y el patrimonio neto. Por lo tanto, utilizar este término como sinónimo de saldo es incorrecto.

Se deja constancia que y se deja constancia de que

Es correcto expresar "se deja constancia de que"; por lo tanto, es incorrecto "se deja constancia que". El dequeísmo y el queísmo son errores frecuentes. El dequeísmo es colocar la preposición "de" delante de una preposición sustantiva "que", mientras que el queísmo significa omitir la preposición "de" delante del "que" cuando sea correcto.

Secuestro y rapto

"Secuestro" significa rapto, acción de aprehender ilegalmente a una persona para exigir dinero por su rescate; deriva del latín *sequestrum*, acción de separar o apartar (para mantener a salvo) o con otros propósitos; de *sequester*, depositario, síndico, mediador. En cambio, "rapto" es la acción de llevarse por la fuerza a una persona. Deriva del latín *rapto*, acción de arrebatar, y de *raptus*, arrebatado. Pero en el contexto jurídico, tiene un significado restringido. El Código Penal generalmente utiliza una sola de las acepciones que puede tener este término en forma general.

Sentencia y condena

Los juicios normalmente terminan con una sentencia. Pero ésta puede ser condenatoria o absolutoria. El sustantivo "sentencia", que además puede significar "condenar", es una resolución de un tribunal con la que se cierra un juicio.

Sesión y sección

"Sesión" significa "conferencia o consulta entre varios para determinar una cosa; mientras que "sección" se refiere "a cada parte en que se divide o se considera dividido un conjunto de personas.

Sí y síes, no y noes

El plural de "si" es "síes" y el de "no" es "noes". Es necesario destacar que este plural es una excepción, pues de acuerdo con la norma general, todo sustantivo terminado en "o" tónica forma su plural adicionando "s".

Sima y cima

"Sima" consiste en una cavidad amplia y profunda en la tierra; mientras que "cima" es la parte más alta, normalmente, de una montaña, de un cerro o de los árboles.

Sin número y sinnúmero

"Sin número": expresión que se escribe en dos palabras y que significa innumerable; mientras que "sinnúmero", número incalculable, infinidad, es un sustantivo masculino.

Sino y si no

"Sino" es una conjunción adversativa. Por ejemplo: el hombre no sólo llegó temprano, *sino* antes de lo habitual. En cambio, "si no" es una conjunción condicional y adverbio de negación. Por ejemplo: si no juega el equipo titular, la concurrencia será menor. La conjunción *sino* carece de acento prosódico; en cambio, en la expresión *si no* el adverbio *no* conserva su tonicidad.

Sinvergüenza y sin vergüenza

"Sinvergüenza" se refiere a personas que cometen actos ilegales en provecho propio o que incurren en inmoralidades; en cambio, "sin vergüenza" significa sin pudor.

Sobreseer y absolver

"Sobreseer" significa suspender (una instrucción temporal) o dejar sin curso ulterior (un procedimiento) y cesar en el cumplimiento (de una obligación). Se sobresee un proceso, una causa, etcétera, y se absuelve a una persona. En ciertos casos, pueden tener efectos similares pero son términos distintos.

Sobretodo y sobre todo

"Sobretodo" significa abrigo, impermeable; mientras que "sobre todo", locución adverbial referida a; principalmente, especialmente.

Socio-económico y económico-social

El término socio significa componente de una sociedad; por lo tanto, es errónea la utilización de "socio-económico" ya que social no se encuentra reflejado en dicho término. Por ello, debe emplearse la expresión "económico-social".

Sui géneris y *sui generis*

Expresión latina españolizada que con la tilde significa excepcional, especial, de su género o especie, esto es singular o peculiar. Es menos aconsejable escribir "sui generis".

Superávit y superavit

Significa cantidad en que los ingresos exceden a los gastos. Superavit es la expresión latina. Debe utilizarse superávit por ser palabra llana acabada en t. El plural es superávits.

Supletorio y suplementario

"Supletorio" significa que suple una falta, es decir, que sirve para completar algo. Es equivalente al adjetivo "suplementario".

Suprema corte y Corte suprema

La "Corte suprema" es el órgano máximo del Poder Judicial, es el más alto tribunal; "Suprema corte" se emplea en la justicia provincial.

Suscribir y subscribir

El término "suscribir" significa firmar un escrito, compartir la operación de alguien, abonarse a algo. Se puede escribir también "subscribir"; ambas escrituras son aceptadas aunque la más simple resulta más común. En cuanto a su participio irregular, son aceptadas sus dos formas: suscripto o suscrito; pero en América Latina, se utiliza más la escritura suscripto.

Suspensión e inhabilitación

Ambos témrinos se utilizan, incorrectamente, como sinónimos. "Suspensión" en sentido amplio significa interrupción, aplazamiento de una vista, sesión, reunión o audiencia; en cambio, la "inhabilitación" está referida a la declaración de que alguien no puede, por causas naturales, morales o de otra índole desempeñar un cargo, realizar un acto jurídico o proceder en otra esfera de vida jurídica.

Sustanciar y substanciar

Ambas grafías son correctas, significan compendiar y tramitar judicialmente un asunto hasta ponerlo en estado de sentencia. La grafía simplificada es la más extendida en el ámbito judicial.

Sustentable y factible

Estos términos, con asiduidad, se utilizan con significados distintos de los que corresponden. "Sustentable" significa que se puede defender con razones, sostener determinada opinión o una cosa para que no se caiga, mientras que "factible" es posible, que puede hacerse o realizarse.

Sutil y sútil

Es correcta la utilización del término "sutil", que significa tenue o fino, mientras que resulta inapropiada la grafía "sútil".

Tipear y mecanografiar

"Tipear" es un anglicismo que se usa con el sentido de escribir a máquina. Es correcto utilizar "mecanografiar" o dactilografiar.

Tiroteo y balacera

Por "tiroteo" se entiende disparos en forma repetida mediante armas de fuego. "Balacera" es un barbarismo por tiroteo.

Trimensual y trimestral

"Trimensual": que ocurre, sucede o se repite tres veces al mes; en cambio, "trimestral": que ocurre, sucede o se repite cada tres meses.

Un acta y una acta

"Acta" es un término femenino, es una certificación, una relación escrita de lo acordado en una asamblea o junta. Los adjetivos deben figurar en el mismo género. "Se firmó el acta de la asamblea"; "Esta acta corresponde a la reunión anterior". Aunque no es incorrecto, es preferible utilizar el artículo indefinido un. Se labró un acta al profundizar la reunión. Al comenzar con a tónica, es necesario el uso de la forma “el” del artículo definido si entre ambos elementos no se interpone otra palabra; pero tal como se expresó anteriormente, los adjetivos deben ir en forma femenina. Las actas, unas actas, aquellas actas, es decir, en plural también.

Usufructo y usufructuar

La palabra "usufructo" significa el derecho a disfrutar bienes ajenos con la obligación de conservarlos, excepto que la ley autorice otra cosa. Mientras que "usufructuar" es disfrutar el usufructo de algo. Si bien existe una correlación entre ambos, los significados son distintos.

Utilidad y utilidad negativa

La palabra "utilidad" significa provecho, ganancia, beneficio, interés o fruto que se saca de alguna cosa. "Utilidad negativa" es improcedente y contradictorio; sí se puede expresar resultado negativo o pérdida.

V y uve

La letra "v" tiene diversos nombres en el español de toda América: ve, ve corta, ve chica, ve chiquita, ve pequeña, ve baja; por ello, la Real Ademia Española ha procedido a unificar su denominación en "*uve*".

Vagabundo y vagamundo

"Vagabundo" es quien anda errante de una parte a otra; "vagamundo" significa en ambientes populares, no obstante esta expresión es una deformación de vagabundo.

Vergonzoso y vergonzante

Mientras que "vergonzoso" significa "que causa vergüenza" o "que se avergüenza con facilidad", "vergonzante" es "quien pide limosna con cierto disimulo o encubriéndose".

Versionar y reversionar

"Versionar" significa una nueva versión de una obra musical, generalmente ligera; mientras que "reversionar" es inexistente.

Versus y contra

"Versus" comenzó utilizándose en el lenguaje jurídico con el valor de contra. Dicho término latín no es inadecuado, pero es preferible utilizar la preposición "contra" o la expresión frente a.

Víctimas y heridos

"Víctima" significa persona que padece daño o que ha fallecido por causa ajena o fortuita. Por lo tanto, es incorrecto decir que en un asalto, el saldo de víctimas fue de dos muertos y tres "heridos". No existe una contraposición entre los muertos y los heridos, todos son víctimas.

Vigésima primera y vigésimoprimera

Las dos grafías son correctas, se puede emplear cualquiera de ellas.

Visto para sentencia y listo para sentencia

La expresión "visto para sentencia" se utiliza para indicar que el proceso judicial ha finalizado y sólo resta la sentencia. Según lo sugiere el *Diccionario*

Panhispánico de Dudas, debe evitarse la deformación "listo para sentencia".

Vuestra Señoría y Vuestra Excelencia

Son normas de cortesía pero no responden a ningún tipo de mandato legal. En la justicia, la costumbre indica que las señorías son jueces y que las excelencias son camaristas.

Y y ye

La Real Academia Española a partir del año 2011 consideró más adecuado y recomendado, para todo el ámbito hispánico el nombre "*ye*" para reemplazar el nombre tradicional de *i griega.*

Zaga y saga

"Zaga" significa atrás o detrás. También no ser inferior a otro en aquello de que se trata; en cambio "saga" se refiere a un relato novelesco que abarca las vicisitudes, de dos o más generaciones de una familia. También, mujer que se finge adivina y hace maleficios o encantos.

Zona del euro y eurozona

Es más apropiado utilizar "zona del euro". Además en caso de escribirse "eurozona", debe ir con minúscula inicial.

Zum y zoom

"Zum" es un teleobjetivo especial, cuyo avance o retroceso permite acercar o alejar la imagen. Es la hispanización del término inglés "zoom", por lo tanto se sugiere emplear "zum".

CAPÍTULO VII

ABREVIACIONES

La abreviación en términos económicos busca ahorrar espacio y tiempo en la representación gráfica de una palabra o de una expresión mediante la eliminación de letras o sílabas de su escritura completa. Este procedimiento tiene diferentes tipos de acuerdo con su formación, su ortografía y su forma de lectura. Por ello, se puede establecer las siguientes categorías: abreviatura, acortamiento, acrónimo, sigla y símbolo. Todas estas categorías tienen el mismo fin: economizar letras o sílabas.

1) El *Diccionario Panhispánico de Dudas* define la abreviatura como la "representación gráfica reducida de una palabra o grupo de palabras, obtenida por eliminación de algunas de las letras o sílabas de su escritura completa y que siempre se cierra con un punto". Después de toda abreviatura se escribe siempre punto, excepto en el caso de aquella en la que el punto se reemplaza por una barra.

2) El acortamiento es una de las formas o procedimientos de abreviación que se caracteriza por excluir las sílabas finales de una palabra para utilizar una nueva pero reducida en extensión. Por ejemplo: auto por automóvil, moto por motocicleta, etcétera; también existen algunos pocos casos en los cuales se eliminan las sílabas iniciales: bus por autobús.

3) El acrónimo es aquella formación constituida por las letras o las sílabas iniciales de dos o más palabras en sucesión sintagmática o por la unión de los extremos opuestos de dos vocablos. El acrónimo no lleva punto final. En realidad, es la sigla que se pronuncia como una palabra. Ejemplos: Mercosur, (Mercado Común del Sur) OTAN (Organización del Tratado del Atlántico Norte), OEA (Organización de Estados Americanos).

4) La sigla, de acuerdo con lo establecido en el *Diccionario Panhispánico de Dudas* es "la palabra formada por las iniciales de los términos que integran una denominación compleja, como a cada una de esas letras iniciales, las siglas se utilizan para referirse de forma abreviada a organismos, intituciones, empresas, objetos, sistemas, asociaciones, etcétera". "Además existen distintos tipos de siglas: a) aquellas que se leen como se escriben, las cuales reciben también la denominación de acrónimos, ONU, OEA, etcétera; b) las que de acuerdo con su pronuncación, deben leerse con deletreo, por ejemplo: FBI, KGB, etcétera (ver punto anterior) y c) las que se leen combinando las anteriores, por ejemplo: CD-ROM. Las abreviaturas, como dijimos anteriormente, llevan siempre punto después de cada inicial, las siglas no.

5) Los símbolos son abreviaciones de carácter científico-técnico y están formados por letras o por signos no alfabetizables. Normalmente, se establecen en forma convencional por instituciones u organismos y tienen validez internacional. Hz es el símbolo del herzio; v es raíz cuadrada. Tiene las siguientes características: a) se escriben siempre sin punto; b) nunca llevan tilde; y c) en el plural no se modifican. Por ejemplo: 28 ha (por hectáreas); 5 km (por kilómetros). Los símbolos de los puntos cardinales siempre deben escribirse con mayúscula: E, O, SO, etcétera.

Las abreviaturas y las siglas

a. .... área
a. .... arroba
A. .... alteza
(a) .... alias
A/A .... a la atención
aa. vv.; AA. VV. .... autores varios
Abg.; Abg.^{do} (*fem.* Abg.^{da}) .... abogado, -da
a. C. .... antes de Cristo
a/c .... a cuenta
acept. .... aceptación
A. D. .... *anno Domini* (en el año del Señor)
a. de C. .... antes de Cristo
a. de J. C. .... antes de Jesucristo
a D. g. .... a Dios gracias
admón. .... administración
adm.^{or} (*fem.* adm.^{ora}) .... administrador
a/f .... a favor
A. I. .... alteza imperial
a. J. C. .... antes de Jesucristo
Alfz. .... alférez
Almte. .... almirante
a. m. .... antes del mediodía
ap. .... aparte
apdo. .... apartado
A. R. .... alteza real
Arq. .... arquitecto
art. .... artículo
Arz. .... arzobispo
A. S. .... alteza serenísima
A. T. .... Antiguo Testamento

atte. .... atentamente
atto. .... atento
av.; avda. .... avenida
B. .... beato
Barna. .... Barcelona
Bco. .... banco
Bibl. .... biblioteca
Bmo. .... beatísimo
Bo.; B.º .... barrio
Brig. .... brigada
Bs. As. .... Buenos Aires
Bto. .... beato
c. .... calle ◆ capítulo ◆ centavo
c/ .... calle ◆ cargo ◆ cuenta
C.ª .... compañía
C. A. .... compañía anónima ◆ comunidad autónoma
caj. .... caja ◆ cajón
cap. .... capítulo
Cap. .... capital ◆ capitán
Cap. Fed. .... Capital Federal
cap.º .... capítulo
c. c. .... cédula de ciudadanía
C. C. .... casilla de correo
c/c .... cuenta corriente
Cdad .... ciudad
c. e. .... correo electrónico
cent. .... centavo ◆ centésimo
cént. .... céntimo
C. F. .... Capital Federal
cf.; cfr. .... cónfer
c. f. s. .... coste, flete y seguro
cgo. .... cargo

ch/ .... cheque
C. I. .... cédula de identidad
Cía. .... compañía
cl. .... calle
cm .... centímetro
cm^2 .... centímetro cuadrado
Cmdt.; Cmte. .... comandante
Cnel. .... coronel
cód. .... código
col. .... colección ◆ colonia ("barrio") ◆ columna
Col. .... colegio ◆ coronel
Comod. .... comodoro
Comp. .... compañía
Comte. .... comandante
Contralmte. .... contralmirante
coord. .... coordinador
cp. .... compárese
C. P. .... código postal
C. por A. .... compañía por acciones
crec. .... creciente
cta. .... cuenta
cta. cte. .... cuenta corriente
Cte. .... comandante
ctv.; ctvo. .... centavo
c/u .... cada uno
d. .... día
D. .... don
D.ª .... doña
d. C. .... después de Cristo
dcho. (*fem.* dcha.) .... derecho
d. de C. .... después de Cristo
d. de J. C. .... después de Jesucristo

del. .... delegación
D. E. P. .... descanse en paz
depto. .... departamento
desct.º .... descuento
D. F. .... Distrito Federal
d/f .... días fecha
diag. .... diagonal ('calle')
dicc. .... diccionario
Dir. .... dirección
d. J. C. .... después de Jesucristo
D. L. .... depósito legal
D. m. .... Dios mediante
Dña. .... doña
doc. .... documento
D. P. .... distrito postal
dpto. .... departamento
Dr. (*fem.* Dra., Dr.ª) .... doctor
dto. .... descuento
dupdo. .... duplicado
d/v .... días vista
E .... este
e/ .... envío
e. c. .... era común
e/c .... en cuenta
ed. .... edición ◆ editorial
edit. .... editorial (*también* ed.)
EE. UU. .... Estados Unidos
ef. .... efectos
ej. .... ejemplo ◆ ejemplar
e-mail .... electronic mail
Em.ª .... eminencia
e. p. d. .... en paz descanse

e. p. m. .... en propia mano
e. s. m. .... en sus manos
etc. .... etcétera
Exc.ª .... excelencia
excl. .... exclusive
Excmo. (*fem.* Excma.) .... excelentísimo
f. .... folio
f.ª .... factura
fasc. .... fascículo
F. C. .... ferrocarril
fca. .... fábrica
Fdo. .... firmado
FF. AA. .... Fuerzas Armadas
fig. .... figura
f.º; fol. .... folio
Fr. .... fray ◆ frey
fra. .... factura (*también* f.ª)
Gdor. .... gobernador
g. p.; g/p .... giro postal
Gral. .... general
g. v. .... gran velocidad
h .... hora
ha .... hectárea
hno., hna. .... hermano, -na
I. .... ilustre
ib.; ibíd. .... ibídem
íd .... ídem (el mismo, lo mismo)
i. e. .... *id est* (esto es)
igl.ª .... iglesia
Il. .... ilustre
Ilmo. (*fem.* Ilma.) .... ilustrísimo
Iltre. .... ilustre

imp. .... imprenta
impr. .... imprenta ◆ impreso
impto.; imp.^{to} .... impuesto
incl. .... inclusive
Ing. .... ingeniero
Inst. .... instituto
izdo. .... izquierdo
J. C. .... Jesucristo
Jhs. .... Jesús (*referido a Cristo*)
JJ. OO. .... Juegos Olímpicos
k. o. .... *knock-out*
L/ .... letra (de cambio)
l. c. .... *loco citato* (en el lugar citado)
Lic. .... licenciado
loc. cit. .... *loco citato* (en el lugar citado)
Ltd .... *limited*
Ltdo. (*fem.* Ltda.) .... limitado
m. .... *meridies*
M. .... majestad ◆ madre
Magfco. (*fem.* Magfca.) .... magnífico
máx. .... máximo
M.^{e} .... madre
Mercosur .... Mercado Común del Sur
mín. .... mínimo
m. n. .... moneda nacional
Mons. .... monseñor
mr. .... mártir
ms. .... manuscrito
n. .... nota
N .... norte
N.^{a} S.^{a} .... Nuestra Señora
N. B. .... *nota bene* (*equivale a* nótese bien)

N. del T. .... nota del traductor
n.°; nro. .... número
N. S. .... Nuestro Señor
N. S. J. C. .... Nuestro Señor Jesucristo
Ntra. Sra.; Ntr.ª Sr.ª .... Nuestra Señora N.ª S.ª)
núm. .... número
O .... oeste
Ob. .... obispo
ob. cit. .... obra citada
OEA .... Organización de Estados americanos
OIT .... Organización Internacional del Trabajo
OMS .... Organización Mundial de la Salud
ONU .... Organización de las Naciones Unidas
OPEP .... Organización de Países Exportadores de Petróleo
p. .... página
P. .... papa (*cf.* Pnt.) ◆ padre (tratamiento religioso)
pág. .... página
párr. .... párrafo
Pat. .... patente
Pbro. .... presbítero
P. D. .... posdata
p. ej. .... por ejemplo
pdo. .... pasado
Pdte. (*fem.* Pdta.) .... presidente
pg. .... página
p. k. .... punto kilométrico
pl.; plza. .... plaza
p. m. .... post meridiem (después del mediodía)
P. M. .... policía militar
Pnt. .... pontífice
p. o.; P. O.; p/o .... por orden
p.° .... paseo
p. p. .... por poder ◆ porte(s) pagado(s)

ppal.; pral. .... principal
Presb. .... presbítero
Prof. (*fem.* Prof.ª) .... profesor
pról .... prólogo
prov. .... provincia
P. S. .... *post scriptum* (después de lo escrito)
p. v. .... pequeña velocidad
P. V. P. .... precio de venta al público
pza. .... plaza
q. D. g.; Q. D. G. .... que Dios guarde
q. e. g. e. .... que en gloria esté
q. e. p. d. .... que en paz descanse
q. e. s. m. .... que estrecha su mano
q. s. g. h. .... que santa gloria haya
R. .... reverendo
R. D. .... Real Decreto
Rdo. (*fem.* Rda.) .... reverendo
reg. .... registro
Rep. .... república
Rev. .... reverendo, -da
R. I. P. .... *requiescat in pace* (descanse en paz)
r.º .... recto
R. O. .... Real Orden
r. p. m. .... revoluciones por minuto
RR. HH. .... recursos humanos
Rte. .... remitente
Rvd.; Rvdo. .... reverendo
Rvdmo. .... reverendísimo
s. .... siglo
S .... sur
S. .... san
s. a.; s/a .... sin año [de impresión o de edición]

S.ª .... señoría ◆ señora
S. A. .... sociedad anónima ◆ su alteza
S. A. I. .... su alteza imperial
S. A. R. .... su alteza real
S. A. S. .... su alteza serenísima
s. c. .... su casa
s/c .... su cuenta
s. d. .... *sine data* (sin fecha de edición)
Sdad. .... sociedad
S. D. M. .... su divina majestad
s. e.; s/e .... sin [indicación de] editorial
S. E. .... su excelencia
Ser.^{mo} .... serenísimo
s. e. u o. .... salvo error u omisión
s. f.; s/f .... sin fecha
Sgto. .... sargento
S. I. .... *Societatis Iesu* (de la Compañía de Jesús)
sig. .... siguiente
S. J. .... Societatis Jesu (de la Compañía de Jesús)
s. l.; s/l .... sin [indicación del] lugar [de edición]
S. L. .... sociedad limitada
S. M. .... su majestad
s. n.; s/n .... sin número
Soc. .... sociedad
S. P. .... servicio público
Sr. .... señor
Sra. .... señora
S. R. C. .... se ruega contestación
S.R.L. .... Sociedad de Responsabilidad Limitada
S. R. M. .... su real majestad
Srta. .... señorita
ss. .... siguientes

s. s. .... seguro servidor
S. S. .... su santidad
s. s. s. .... su seguro servidor
Sto. Sta. .... santo
t .... tonelada
t. .... tomo
T. .... tara
tel.; teléf. .... teléfono
test.° .... testigo
tít. .... título
trad. .... traducción ◆ traductor
Tte. .... teniente
TV .... televisión
U.; Ud. .... usted
Univ. .... universidad
v. .... véase ◆ verso
V. .... usted
v/ .... visto
V. A. .... vuestra alteza
Valmte. .... vicealmirante
V. A. R. .... vuestra alteza real
Vd. .... usted
Vdo. .... viudo
V. E. .... vuestra excelencia
v. g.; v. gr. .... *verbi gratia*
vid. .... *vide* (*equivale a* véase)
VIP .... persona muy importantes *(very important person)*
V. M. .... vuestra majestad
v.° .... vuelto
V. O. .... versión original
V.° B.° .... visto bueno
vol. .... volumen

V. O. S. .... versión original subtitulada
V. P. .... vuestra paternidad
vs. .... versus (contra)
V. S. .... vuestra señoría
V. S. I. .... vuestra señoría ilustrísima
vto. .... vuelto
vv. aa.; VV. AA. .... varios autores
W. C. .... *water closet* (servicio, retrete)
Xto. .... Cristo

CAPÍTULO VIII

LOS PAÍSES Y CIUDADES DEL MUNDO
Y SUS GENTILICIOS
SÍNTESIS INFORMATIVA
Y ALGO MÁS

PAÍS	UBICACIÓN	CAPITAL	IDIOMA	GENTILICIO
Afganistán	Sudoeste de Asia	Kabul	Pashto	Afgano
Albania	Sudoeste de Europa	Tirana	Albanés	Albanés
Alemania	Norte Europa Central	Berlín	Alemán	Alemán
Andorra	Sudoeste de Europa	Andorra la Vieja	Catalán	Andorrano
Angola	Sudoeste de África	Luanda	Portugués	Angoleño o angolano
Antigua y Barbuda	Este Mar Caribe	Saint John	Inglés	Antiguano
Antillas Holandesas	Mar Caribe	Willemstad	Holandés	Antillano holandés
Arabia Saudí	Península Arábiga	Riad	Árabe	Saudí o dausita
Argelia (República Argelina Democrática y Popular)	Norte de África	Argel	Árabe	Argelino
Argentina	Sur de Sudamérica	Buenos Aires	Castellano	Argentino
Armenia	Entre Europa y Asia	Ereván	Armenio y Ruso	Armenio
Aruba	Frente Costas de Venezuela	Oranjestad	Holandés y Papiamento	Arubano
Australia	Oceanía	Canberra	Inglés	Australiano
Austria	Europa Central	Viena	Alemán	Austríaco
Azerbaiyán	Asia	Bakú	Azerbaiyano	Azerbaiyano

PAÍS	UBICACIÓN	CAPITAL	IDIOMA	GENTILICIO
Bahamas	Archip. en el O. Atlántico	Nassau	Inglés	Bahameño
Bahréin	Islas oeste Golfo Pérsico	Manama	Árabe	Bahreiní
Bangladés	Sur de Asia	Dacca	Bengalí	Bangladesí
Barbados	Mar Caribe	Bridgetown	Inglés	Barbadense
Bélgica	N.O. Europa	Bruselas	Flamenco Francés	Belga
Belice	N.O. América Central	Belmopán	Inglés	Beliceño
Benín (ex Dahomey)	O. de África	Porto Novo	Francés	Beninés
Bermudas	Norte del Océano Atlántico	Hamilton	Inglés	Bermudeño
Bielorrusia	O. Europa	Minsk	Bielorruso	Bielorruso
Bolivia	Centro de Sudamérica	Sucre / La Paz	Castellano	Boliviano
Bosnia Herzegovina	S.E. de Europa	Sarajevo	Bosnio, Croata Servio	Bosnio
Botsuana	Sur de África	Gaborone	Inglés y Setswana	Botsuano
Brasil	C. y N. de Sudamérica	Brasilia	Portugués	Brasileño
Brunéi Darussalam	S.O. de Asia	Bandar Seri Begawan	Malayo Inglés	Bruneano

PAÍS	UBICACIÓN	CAPITAL	IDIOMA	GENTILICIO
Bulgaria	S. E. de Europa	Sofía	Búlgaro	Búlgaro
Burkina Faso*	África Occidental	Uagadugú	Francés	Burkinés
Burundi	África Central	Buyumbura	Kirundi / Francés	Burundés
Bután	S. de Asia	Timbu	Dzongkha	Butanés
Cabo Verde	N. África	Praia	Portugués	Caboverdiano
Caimán, Islas	Mar Caribe	Georgetown	Inglés	Caimanés
Camboya	S. Indochina	Phnom Penh	Khmer	Camboyano
Camerún	O. África Central	Yaundé	Inglés y/ Francés	Camerunés
Canadá	N. América del Norte	Ottawa	Inglés y/ Francés	Canadiense
Catar (Emirato)	O. Asia	Doha	Árabe e Inglés	Catarí o qatarí
Centroafricana Rep.	África Central	Bangui	Francés y/ Sango	Centroafricano
Chad	N.África Central	Yamena	Francés y/Árabe	Chadiano
Checa, República	Europa Central	Praga	Checo y/ Alemán	Checo
Chile	Pacífico Sur	Santiago	Castellano	Chileno
China	E.de Asia	Beijing (Pekín)	Chino	Chino
Chipre	S.E. Mar Meridional	Nicosia	Griego y/ Turco	Chipriota
Ciudad del Vaticano**	Enclave dentro de Roma	Ciudad del Vaticano	Italiano / Latín	

* Con anterioridad Alto Volta
** Santa Sede

PAÍS	UBICACIÓN	CAPITAL	IDIOMA	GENTILICIO
Colombia	N.O. Sudamérica	Santa Fe de Bogotá	Castellano	Colombiano
Comoras, Las	N. Canal Mozambique	Moroni	Francés y/ Árabe	Comorense
Congo, el	África Central	Brazzaville	Francés	Congoleño
Cook, las islas	Oceanía	Avarúa	Rarotongano. Inglés	Cookiano-na
Corea del Norte	E. Asia	Pyongyang	Coreano	Norcoreano
Corea del Sur	E. Asia	Seúl	Coreano	Surcoreano
Costa de Marfil	O. África	Yamusukro	Francés	Marfileño
Costa Rica	A. Central	San José	Castellano	Costarricense
Croacia	S.E. Europa	Zagreb	Croata	Croata
Cuba	Mar Caribe	La Habana	Castellano	Cubano
Dinamarca	N. Europa	Copenhague	Danés	Danés
Dominica	E. Mar Caribe	Roseau	Inglés	Dominiqués
Dominicana Rep.	M. Caribe	Santo Domingo	Castellano	Dominicano
Ecuador	N.O. Sudamérica	Quito	Castellano	Ecuatoriano
Egipto	N.E. África	El Cairo	Árabe	Egipcio
El Salvador	América Central	San Salvador	Castellano	Salvadoreño

* Administración autónoma en libre asociación con Nueva Zelanda.

PAÍS	UBICACIÓN	CAPITAL	IDIOMA	GENTILICIO
Emiratos Árabes Unidos, los	E. Península Arábiga	Abu Dabi	Árabe	Emiratí
Eritrea	África Oriental	Asmara	Tigré/ afar/ inglés	Eritreo
Eslovaquia	Europa Central	Bratislava	Eslovaco	Eslovaco
Eslovenia	S.E. Europa	Liubliana	Esloveno	Esloveno
España	S.O. Europa	Madrid	Castellano	Español
Estado de Palestina*	Este Asia, África y el Mar Mediterráneo	Jerusalén Este (de iure) Ramala (Administrativa)	Árabe	Palestino
Estados Unidos	A. del Norte	Washington	Inglés	Estadounidense
Estonia	N.O. Europa	Tallin	Estonio	Estonio
Etiopía	N.E. África	Adís Abeba	Amhárico	Etíope
Feroe, Islas	N. del Reino Unido	Thorshaun	Danés	Feroés
Fiyi	Oceanía O. Pacífico	Suva	Inglés	Fiyiano
Filipinas	S.E. Asia	Manila	Filipino y/ Tagalo	Filipino
Finlandia	N. Europa	Helsinki	Finlandés/ y Sueco	Finlandés
Francia	O. Europa	París	Francés	Francés
Gabón	O. África	Libreville	Francés	Gabonés
Gambia	N.O. África	Banjul	Inglés	Gambiano
Georgia	Entre Europa y Asia	Tiflis	Georgiano	Georgiano

* Estado observador no miembro de las Naciones Unidas.

PAÍS	UBICACIÓN	CAPITAL	IDIOMA	GENTILICIO
Ghana	O. África	Acra	Inglés	Ghanés
Gran Bretaña	N.E. Europa	Londres	Inglés	Británico
Granada	Mar Caribe	Saint George	Inglés	Granadino
Grecia	S.E. Europa	Atenas	Griego	Griego
Guadalupe, Isla	Mar Caribe	Basse-Terre	Francés	Guadalupano
Guatemala	N. América Central	Guatemala	Castellano	Guatemalteco
Guayana Francesa	Norte de América del Sur	Cayena	Francés	Guyanés
Guinea, La	O. África	Conakry	Francés	Guineano
Guinea-Bissau	N.O. África	Bissau	Portugués	Guineano
Guinea Ecuatorial, La	O. África	Malabo	Castellano	Ecuatoguineano
Guyana. República Cooperativa	N.E. Sudamérica	Georgetown	Inglés / Hindi	Guyanés
Haití	N. Mar Caribe	Puerto Príncipe	Francés / Creole	Haitiano
Holanda *(Ver Países Bajos)*				
Honduras	América Central	Tegucigalpa	Castellano	Hondureño

* Compuesta por: Escocia: ext. 78.500 km^2; Pob. 5.130.000 habs.; cap. Edimburgo
Gales: ext. 20.700 km^2; pob. 2.900.000 habs.; cap. Cardiff
Inglaterra: ext. 130.360 km^2; pob. 49.561.000 habs.; cap. Londres

PAÍS	UBICACIÓN	CAPITAL	IDIOMA	GENTILICIO
Hungría	E. Europa	Budapest	Húngaro	Húngaro
India	S. Himalaya. Asia	Nueva Delhi	Hindi. Inglés	Indio
Indonesia	Entre Asia y Australia	Yakarta	Indonesio	Indonesio
Iraq	O. Asia	Bagdad	Árabe / Kurdo	Iraquí
Irán	S.O.Asia	Teherán	Farsi	Iraní
Irlanda	Europa	Dublín	Irlandés / Inglés	Irlandés
Islandia	Entre el Atlántico y el Ártico	Reikiavik	Islandés	Islandés
Israel	O. Asia	Jerusalén*	Hebreo	Israelí
Italia	S. Europa	Roma	Italiano	Italiano
Jamaica	Mar Caribe	Kingston	Inglés	Jamaicano
Japón	O. Océano Pacífico	Tokio	Japonés	Japonés
Jordania	O. Asia	Ammán	Árabe	Jordano
Kazajistán	Asia Central	Astaná	Kasako / Ruso	Kazajo
Kenya	E. África	Nairobi	Inglés	Keniano/keniata
Kirguistán	E. Asia	Biskek	Kirguiso / Ruso	Kirguís o kirguiso
Kiribati	O. Pacífico	Bairiki	Inglés	Kiribatiano
Kosovo	S.E. de Europa	Pristina	Albanés / Serbio	Kosovar

* No reconocida por la ONU.

PAÍS	UBICACIÓN	CAPITAL	IDIOMA	GENTILICIO
Kuwait	N.E. Península Arábiga	Kuwait	Árabe	Kuwaití
Laos	S.E. Asia	Vientián	Laosiano	Laosiano
Lesoto	S. África	Maseru	Sesotho / Inglés	Lesotense
Letonia	N.E. Europa	Riga	Letón / Ruso	Letón
Líbano	O. Asia	Beirut	Árabe / Francés	Libanés
Liberia	O. África	Monrovia	Inglés	Liberiano
Libia	N. África	Trípoli	Árabe	Libio
Liechtenstein	Europa Central	Vaduz	Alemán	Liechtensteiniano
Lituania	N.E. Europa	Vilna	Lituano / Ruso	Lituano
Luxemburgo	O. Europa	Luxemburgo	Luxemburgués / Francés	Luxemburgués
Macedonia	Sudoeste Europa	Skopie	Macedonio / Albanés	Macedonio/nia
Madagascar	S.E. África	Antananarivo	Francés / Malgache	Malgache
Malasia	S.E. Asia	Kuala Lumpur	Malayo / Inglés	Malasio
Malaui	E. África	Lilongüe	Inglés / Chechewa	Malauí
Maldivas	S. Asia	Malé	Maldivo	Maldivo
Malí	N.O. África	Bamako	Francés	Maliense o malí
Malta	M. Mediterraneo	La Valeta	Maltés	Maltés

PAÍS	UBICACIÓN	CAPITAL	IDIOMA	GENTILICIO
Marruecos	N.O. África	Rabat	Árabe	Marroquí
Marshall, Islas	N.O. Australia	Majuro	Inglés	Marshalés
Martinica	Mar Caribe	Fort de France	Francés	Martiniqueño
Mauricio, Islas	África S.O. Océano Índico	Port-Louis	Inglés	Mauriciano
Mauritania	N.O. África	Nuakchot	Francés / Árabe	Mauritano
México	S. América del Norte	México D.F.	Castellano	Mexicano
Micronesia	O. Pacífico Occidental	Palikir	Inglés	Micronesio
Moldavia	S.E. Europa	Chisinau	Rumano	Moldavo
Mónaco, Principado	S. Europa	Mónaco	Francés	Monegasco
Mongolia	Asia Central	Ulán Bator	Mongol	Mongol
Montenegro	S.E. de Europa	Podgorica	Montenegrino	Montenegrino
Montserrat	Islas Sotavento	Plymouth	Inglés	De montserrat
Mozambique	E. África	Maputo	Portugués	Mozambiqueño
Myanmar (ex-Birmania)	S.E. Asia	Yangón	Birmano	Birmano
Nagorno Karabaj	Entre Europa y Asia	Stepanakert *(Estado técnicamente inexistente que declaró su independencia en 1993)*		

PAÍS	UBICACIÓN	CAPITAL	IDIOMA	GENTILICIO
Namibia	S.O. África	Windhoek	Afrikaans / Inglés	Namibio
Nauru	Oceanía	Yaren	Nauruano / Inglés	Nauruano
Nepal	Asia Central	Katmandú	Nepalés	Nepalés
Nicaragua	América Central	Managua	Castellano	Nicaragüense
Níger	África Occidental	Niamey	Francés	Nigerino
Nigeria	Centro O. África	Abuya	Inglés	Nigeriano
Noruega	E. Europa	Oslo	Noruego	Noruego
Nueva Zelanda	Oceanía	Wellington	Inglés/Neocelandés	Neozelandés
Omán (Sultanato)	Asia	Mascate	Árabe	Omaní
Países Bajos (Holanda)	N. Europa	Ámsterdam	Neerlandés	Neerlandés
Pakistán	S. Asia	Islamabad	Urdu e Inglés	Pakistaní/Paquistaní
Palaos	N.E. Oceanía	Melekeok	Inglés / Paluano	Palavano
Panamá	América Central	Panamá	Castellano	Panameño
Papúa Nueva Guinea	Oceanía	Port Moresby	Inglés	Papú
Paraguay	Centro de Sudamérica	Asunción	Guaraní / Castellano	Paraguayo

PAÍS	UBICACIÓN	CAPITAL	IDIOMA	GENTILICIO
Perú	O. Sudamérica	Lima	Castellano	Peruano
Polonia	Europa Oriental	Varsovia	Polaco	Polaco
Portugal	S.O. Europa	Lisboa	Portugués	Portugués
Puerto Rico	N.E. Mar Caribe	San Juan	Castellano / Inglés	Portorriqueño
Reino Unido G.B. *(ver Gran Bretaña e Irlanda)*				
Rep. Dem. del Congo (Ex Zaire)	África Central	Kinshasa	Francés	Congoleño
Ruanda	África Central	Kigali	Francés / Kinyarwanda	Ruandés
Rumania	S.E. Europa	Bucarest	Rumano	Rumano
Rusia	N.E. Europa y N. Asia	Moscú	Ruso	Ruso
Salomón, Islas	Oceano Pacífico	Honiara	Inglés	Salomonense
Samoa	Oceanía	Apia	Inglés / Samoano	Samoano
San Cristóbal y Nieves	América. Mar Caríbe	Basseterre	Inglés	Sancristobaleño
San Marino	Europa. Italia	San Marino	Italiano	Sanmarinense

PAÍS	UBICACIÓN	CAPITAL	IDIOMA	GENTILICIO
San Vicente y las Granadinas	América S.E. Mar Caríbe	Kingstown	Inglés / Francés	Sanvicentino
Santa Lucía	S.E. Mar Caríbe	Castries	Inglés	Santalucense
Santa Sede (Ver Ciudad del Vaticano)*				
Santo Tomé y Príncipe	S.O. África	Santo Tomé	Portugués	Santotomense
Senegal	N.O. África	Dakar	Francés	Senegalés
Serbia	S.E. Europa	Belgrado	Serbio	Serbio
Seychelles	Oceáno Índico	Victoria	Francés	Seychellense
Sierra Leona	O. África Central	Freetown	Inglés	Sierraleonés
Singapur	Asia	Singapur	Chino. Inglés/Malayo	Singapurense
Siria	O. Asia	Damasco	Árabe	Sirio
Somalia	E. África	Mogadiscio	Somalí / Árabe	Somalí
Sri Lanka (ex Ceilán)	Oceano Índico	Colombo	Cingalés / Tamil	Ceilanés o ceilandés
Suazilandia	S.E. África	Mbabane/Lobamba	Inglés	Suazi
Sudáfrica	S. África	Pretoria Ciudad del Cabo Bloemfontein	Afrikaans / Inglés	Sudafricano
Sudán	N.E. África	Jartum	Árabe	Sudanés

* Observador no miembro de las Naciones Unidas.

PAÍS	UBICACIÓN	CAPITAL	IDIOMA	GENTILICIO
Suecia	N. Europa	Estocolmo	Sueco	Sueco
Suiza	Europa Central	Berna	Alemán / Francés	Suizo
Surinam	N.E. Sudamérica	Paramaribo	Holandés / Inglés	Surinamés
Tailandia	S.E. Asia	Bangkok	Tailandés	Tailandés
Taiwán	E. Asia	Taipei	Chino / Mandarín	Taiwanés
Tanzania	E. África	Dodoma	Swahili / Inglés	Tanzano
Tayikistán	S.E. Asia Central	Dusambé	Tadjiko Ruso	Tayiko
Timor Oriental	Archipiélago Malayo	Dili	Portugués / Tetum	Timorense
Togo	O. África	Lomé	Francés / Inglés	Togolés
Tonga	S. Oceáno Pacífico	Nuku'alofa	Tongano / Inglés	Tongano
Trinidad y Tobago	Mar Caribe	Puerto España	Inglés	Trinitense
Túnez	N. África	Túnez	Árabe	Tunecino
Turkmenistán	S.O. Asia Central	Asjabad	Turcomano Ruso	Turcomano

PAÍS	UBICACIÓN	CAPITAL	IDIOMA	GENTILICIO
Turcas y Caicos	Norte de Haití	Cokburn	Inglés	Turcocaiconés
Turquía	S.E. Europa O. Asia	Ankara	Turco	Turco
Tuvalu	N.E. Australia	Fongafale	Inglés. Tuvaluano	Tuvaluano
Ucrania	Europa Central	Kiev	Ruso	Ucraniano
Uganda	E. África	Kampala	Inglés	Ugandés
Uruguay	S.E. Sudamérica	Montevideo	Castellano	Uruguayo
Uzbekistán	Asia Central	Taskent	Uzbeko Ruso	Uzbeko
Vanuatu	Oceanía. E. Australia	Port Vila	Inglés / Francés	Vanuatuense
Venezuela*	N. Sudamérica	Caracas	Castellano	Venezolano
Vietnam	S.E. Asia	Hanói	Vietnamita	Vietnamita
Yemen	Asia	Saná	Árabe	Yemení

* República Bolivariana de Venezuela.

PAÍS	UBICACIÓN	CAPITAL	IDIOMA	GENTILICIO
Yibuti	N.E. África	Yibuti	Francés	Yibutiano
Zaire *(ver República Democrática del Congo)*				
Zambia	S. África Central	Lusaka	Inglés	Zambiano
Zimbabue	África Meridional	Harare	Inglés	Zimbabuense

CAPÍTULO IX

EJERCITACIÓN

El acento

El acento prosódico es aquel que tiene una elevación de voz o bien una mayor duración en la emisión de esa sílaba. Por ello también se denomina acento de intensidad. Mientras que el acento gráfico, también llamado tilde, es un signo colocado sobre la vocal de la sílaba tónica de la palabra en función de las reglas establecidas. Según la Real Academia Española y de acuerdo con el lugar que ocupe la sílaba tónica, se pueden disntiguir cuatro clases de palabras:

1) Palabras agudas son las polisílabas cuya última sílaba es tónica. Ejemplos: catedral, París, balón.

2) Palabras graves son aquellas cuya penúltima sílaba es tónica. Ejemplos: cabello, inútil, césped.

3) Palabras esdrújulas son aquellas cuya antepenúltima sílaba es tónica. Ejemplos: rápido, esdrújula, sábado.

4) Palabras sobresdrújulas son aquellas en las que es tónica alguna de las sílabas anteriores a la antepenúltima. Ejemplos: dígamelo, cómetelo.

Para ubicar correctamente el acento gráfico en las distintas voces es menester tener presente las siguientes reglas de acentuación:

1) Las palabras agudas llevan tilde en la sílaba tónica cuando terminan en vocal, *n* o *s*. Ejemplo: está, además. No obstante lo expuesto, cuando la palabra aguda finaliza en s precedida por otra consonante, no lleva acentó gráfico. Ejemplo: robots. Además, las palabras agudas terminadas en *y* no llevan tilde. Ejemplo: virrey.

2) Las palabras graves llevan acento gráfico en la sílaba tónica cuando finalizan en consonante que no sea vocal, *n* o *s*. Ejemplo: Héctor.

Pero cuando la palabra grave termina en *s* precedida de consonante, sí lleva acento gráfico. Ejemplo: bíceps. Además, las palabras graves terminadas en *y* deben llevar tilde. Ejemplo: jóquey.

3) Las palabras esdrújulas y sobresdrújulas siempre llevan tilde en la sílaba tónica. Ejemplo: teléfono.

Acento, mayúsculas y algo más

La acentuación gráfica no es opcional sino obligatoria y afecta a cualquier tipo de texto. Las únicas mayúsculas que no se acentúan son las que forman parte de las siglas.

Se utiliza la escritura en mayúsculas con el fin de destacar determinadas frases o palabras dentro de un escrito. Suele escribirse enteramente en mayúsculas en los textos jurídicos y administrativos (decretos, sentencias, bandos, edictos, certificados o instancias), el verbo o verbos que presentan el objetivo fundamental del documento: certifica, solicita, expone. Después de los dos puntos, debe comenzarse el texto con la inicial mayúscula en el caso de un documento jurídico-administrativo: CERTIFICA: Que el señor...

¿Dónde corresponde colocar la tilde?

El término "tilde" puede estar referido al acento gráfico o como un rasgo de alguna letra, por ejemplo la ñ. Se admite los dos géneros, pero se usa casi exclusivamente el femenino. A continuación se solicita colocar la tilde a las palabras que la lleven:

INDICE	APOCA	AFORO	IDONEO
CREDITO	EXTINCION	REGIMENES	APRENDIZ
AMBITO	TITULO	ORDENES	EXAMEN
INCLUIDO	PRUEBA	EXENCION	CLAUSURA
FRAGIL	INTERVALO	CONSTITUIDA	INTERES
TEORICO	DEPOSITO	DIECISEIS	INHABIL
PRACTICO	PRESCIPCIONES	USIA	MATRICULA
ORDEN	SEXAGESIMO	JURIDICO	COMPAÑÍA
ETIMOLOGIA	VEINTISIETE	CODIGO	ECONOMICO
OBITO	PRISTINO	ENDECADA	LITIGIOSO
ESPURIO	INTERIN	ULTIMO	DEBENTURE
ESOTERICO	TELEGRAMA	ARABIGO	MANIACO
VISION	EXEGETA	DECIMOSEPTIMO	TACITO
REGIMEN	SUTIL	TERMINOLOGIA	NOTIFICACION
EXAMENES	ABOGACIA	INSANIA	ORGANO
UNDECIMO	GARANTIA	DEBITO	PUBLICA
MIERCOLES	MANCOMUN	VICTIMA	GRAVAMENES
BIROME	SUCRIPCION	PRESUNCION	REGALIA
HISPANICO	PRESTAMO	PREVISION	EXCLUIDO
COMPLICE	GRAVAMEN	REDITO	PRORROGA
CAPITULO	JERARQUICO	RUBRICA	AEREO
APENDICE	INVALIDEZ	SEGUNDOGENITO	SINDROME
MARITIMO	ARISTOCRACIA	ANONIMA	AMERICA
INQUISITIVO	ARISTOCRATICA	ESTADISTICA	TEORIA

El bien y el mal

grosso modo	a grosso modo
fortísimo	fuertísimo
licuo	licúo
Nobel	Nóbel
desaliñado	desalineado
desternillarse	destornillarse
ambages	ambagues
caleidoscopio	calesdoscopio
caries	carie
constrición	constricción
divergir	diverger
inteligible	intelegible
menisco	meñisco
utensilio	utensillo
apropincuarse	apropinguarse
fretricida	fratricida
metereología	meteorología
paraguas	paragua
proveer	prover
aeródromo	aerodrómo
exegeta	exégeta
hostil	hóstil
insania	insanía
prístino	pristino
razzia	razzía
telegrama	telégrama
clubes	clubs
cumpleaños	cumpleaño
hay tres dieces	hay tres diez
aclimatación	aclimatamiento
exiliado	exilado
insania	insanidad
verter	vertir
aléjate	alejáte
aprieto	apreto

CAPÍTULO X

ÉTICA Y PRINCIPIOS

Decálogo del abogado

por Ángel Ossorio

I. No pases por encima de un estado de tu conciencia.

II. No afectes una convicción que no tengas.

III. No te rindas ante la popularidad ni adules a la tiranía.

IV. Piensa siempre que tú eres para el cliente y no el cliente para ti.

V. No procures nunca en los tribunales ser más que los magistrados, pero no consientas ser menos.

VI. Ten fe en la razón, que es lo que en general prevalece.

VII. Pon la moral por encima de las leyes.

VIII. Aprecia como el mejor de los textos el sentido común.

IX. Procura la paz como el mayor de los triunfos.

X. Busca siempre la justicia por el camino de la sinceridad y sin otras armas que las de tu saber.

Los mandamientos del abogado

por Eduardo J. Couture

1. ESTUDIA

El derecho se transforma constantemente. Si no sigues sus pasos, serás cada día un poco menos abogado.

2. PIENSA

El derecho se aprende estudiando, pero se ejerce pensando.

3. TRABAJA

La abogacía es una ardua fatiga puesta al servicio de la justicia.

4. LUCHA

Tu deber es luchar por el derecho; pero el día que encuentres en conflicto el derecho con la justicia, lucha por la justicia.

5. SE LEAL

Leal para con tu cliente, al que no debes abandonar hasta que comprendas que es indigno de ti. Leal para con el adversario, aun cuando él sea desleal contigo. Leal para con el juez, que ignora los hechos y debe confiar en lo que tú le dices; y que, en cuanto al derecho, alguna que otra vez, debe confiar en el que tú le invocas.

6. TOLERA

Tolera la verdad ajena en la misma medida en que quieres que sea tolerada la tuya.

7. TEN PACIENCIA

El tiempo se venga de las cosas que se hacen sin su colaboración.

8. TEN FE

Ten fe en el derecho, como el mejor instrumento para la convivencia humana; en la justicia, como destino normal del derecho; en la paz, como subsitutivo bondadoso de la justicia; y sobre todo, ten fe en la libertad, sin la cual no hay derecho, ni justicia, ni paz.

9. OLVIDA

La abogacía es una lucha de pasiones. Si en cada batalla fueras cargando tu alma de rencor, llegará un día en que la vida será imposible para ti. Concluido el combate, olvida tan pronto tu victoria como tu derrota.

10. AMA TU PROFESIÓN

Trata de considerar la abogacía de tal manera que en el día en que tu hijo te pida consejo sobre su destino, consideres un honor para ti propornerle que se haga abogado.

CAPÍTULO XI
FRASES CÉLEBRES DE GRANDES PERSONAJES

Sólo se llega a ser juez de haber hecho los tres votos clásicos: de pobreza, frente a los compañeros de la misma promoción universitaria que se enriquecen en el ejercicio de la abogacía; de obediencia por la sumisión a la ley y a la justicia, y de castidad con los halagos del éxito y del encumbramiento

Eduardo Couture

Cuatro características corresponden al juez: escuchar cortésmente, responder sabiamente, ponderar prudentemente y decidir imparcialmente

Sócrates

"Una palabra del legislador hace inútil una biblioteca". Sí; pero muchas veces es necesario escribir una bilbioteca para que el legislador diga esa palabra

Eduardo Couture

La pena es el derecho a castigar al que no cumple con las leyes

César Beccaría

El hombre ha nacido libre y, sin embargo, vive en todas partes encadenado

Juan Jacobo Rousseau

La humildad pertenece a los sabios y la soberbia, a los ignorantes, dice el precepto. Pero en materia de ideas jurídicas, la soberbia de los sabios sólo es comparable a la soberbia de los ignorantes

Eduardo Couture

Por paradójico que pueda sonar, el Código Penal es la Carta Magna del delincuente. No protege al orden jurídico ni a la comunidad, sino a quien se alza contra ellos

Franz von Liszt

El derecho es una ciencia; la abogacía es un arte; la justicia es una religión

Eduardo Couture

Una injusticia hecha a uno sólo es una amenaza hecha a todos

Montesquieu

El lenguaje es la casa del ser

Martín Heidegger

Los delitos deben ser calificados según el daño infligido a la sociedad

César Beccaría

La técnica jurídica es el lado del derecho que linda con el arte. La filosofía del derecho es el lado que linda con la poesía

Eduardo Couture

Se piensa que lo justo es lo igual, y así es; pero no para todos, sino para los iguales. Se piensa, por el contrario, que lo justo es lo desigual, y así es, pero no para todos, sino para los desiguales

Aristóteles

La multitud de leyes frecuentemente presta excusa a los vicios

René Descartes

El delincuente loco o alienado es el que padece una grave anomalía psíquica, pero que además tiene atrofiado el sentido moral

Enrico Ferri

El hombre es responsable sólo por el hecho de vivir en sociedad

Enrico Ferri

El delito no está referido a un sector económico o social determinado, es lo que siente la generalidad de esa sociedad

Rafael Garófalo

La finalidad del castigo es asegurarse de que el culpable no reincidirá en el delito

César Beccaría

Cuando los hombres son puros, las leyes son inútiles; cuando son corruptos, las leyes se rompen

Benjamín Disraeli

La razón siempre ha existido, pero no siempre en una forma razonable

Carlos Marx

Todo idealismo frente a la necesidad es un engaño

Friedrich Nietzsche

Una cosa no es justa por el hecho de ser ley. Debe ser ley por ser justa

Montesquieu

No pudiendo cambiar los hombres, se cambian sin tregua las instituciones

Jean Lucien Arréat

Es preciso preferir la soberanía de la ley a la de uno de los ciudadanos

Aristóteles

El ignorante afirma, el sabio duda y reflexiona

Aristóteles

Nunca se alcanza la verdad total y nunca se está totalmente alejado de ella

Aristóteles

Una definición es la esencia de una cosa

Aristóteles

La democracia es, pues, la menos mala de las desviaciones, porque no es sino una ligera desviación de la forma correcta de gobierno

Aristóteles

Las leyes no son otra cosa que las condiciones de la asociación civil. El pueblo sometido a las leyes debe ser autor de las mismas

Juan Jacobo Rousseau

Este cuerpo, que llamaré trbunado, es el conservador de las leyes y del poder legislativo

Juan Jacobo Rousseau

Las opiniones de un pueblo nacen de su constitución. Aunque la ley no regula las costumbres, la legislación las hace nacer, cuando la legislación se debilita, las costumbres degeneran, pero entonces el juicio de los censores no hará los que no haya hecho las fuentes de las leyes

Juan Jacobo Rousseau

El Estado es, por último, la realidad inmediata de un pueblo singular y naturalmente determinado

G. W. F. Hegel

"El arte de lo verdadero" contribuirá a hacernos más expertos en el "arte de lo bueno y lo justo"

J. M. Mans Puigarnau

La política jurídica es posible porque el legislador no es impotente. Las posibilidades de la política son limitadas, porque el legislador tampoco es todopoderoso

Alf Ross

Cuando en la república, el poder soberano reside en el pueblo entero, es una democracia. Cuando el poder soberano está en manos de una parte del pueblo, es una aristocracia

Montesquieu

Uno es dueño de lo que calla y esclavo de lo que habla

Sigmund Freud

Si uno padece lo que hizo, ésta será la recta justicia

Aristóteles

De lo justo político una parte es natural, otra legal

Aristóteles

Si buscas resultados distintos no hagas siempre lo mismo

Albert Einstein

La democracia es el gobierno de la gente, por la gente y para la gente

Abraham Lincoln

La experiencia ha demostrado que nunca suceden bien las cosas que de muchos dependen

Maquiavelo

La consecuencia de la anraquía es siempre el gobierno absoluto

Napoleón Bonaparte

No es la forma de gobierno la que constituye la felicidad de una nación, sino las virtudes de los jefes y los magistrados

Jefferson

Quien volviendo a hacer el camino viejo aprende el nuevo, puede considerarse un maestro

Confucio

No existe la libertad, sino la búsqueda de la libertad, y esa búsqueda es la que nos hace libres

Carlos Fuentes

Una forma de gobierno es hacer tantas leyes que nadie esté seguro de no ser colgado

Napoleón Bonaparte

La libertad es el logro humano más glorioso

Nelson Mandela

A la mayor parte de los que no quieren ser oprimidos no les disgustaría ser opresores

Napoleón Bonaparte

No hay más buena ni mala suerte que la prudencia o la imprudencia

B. Gracian

La violencia es el último recurso del incompetente

Isaac Asimov

El conocimiento es la más democrática fuente del poder

Alvin Toffler

Un intelectual que no comprende lo que pasa en su tiempo y en su país es una contradicción andante

Rodolfo Walsh

Todos los vicios, con tal de que estén de moda, pasan por virtudes

Moliere

Una sociedad se embrutece más con el empleo habitual de los castigos que con la repetición de los delitos

Óscar Wilde

Somos esclavos de nuestras costumbres, y sirvientes de los prejuicios ajenos

Lamerson del Valle

Amar no es mirarse el uno al otro; es mirar juntos en la misma dirección

Antoine de Saint-Exupery

El político piensa en la próxima elección; el estadista en la próxima generación

Príncipe Otto - Leopold von Bismarck

Muy débil es la razón si no llega a comprender que hay muchas cosas que la sobrepasan

Blaise Pascal

Aquellos que no recuerdan el pasado, están condenados a repetirlo

George Santayana

El mundo se divide entre los que están colmados de riquezas y los que están colmados de necesidades

Ralph Emerson

Antes de dar al pueblo sacerdotes y soldados, sería oportuno saber si no se está muriendo de hambre

León Tolstoi

La justicia no espera ningún premio. Se la acepta por ella misma y de igual manera con todas las virtudes

Marco Tulio Cicerón

Cree a aquellos que buscan la verdad, duda de los que la han encontrado

André Gide

¿Qué recurso moral queda contra un perverso que está satisfecho y orgulloso del mal que hace y se considera por él acreedor de premios y alabanzas?

Concepción Arenal

La última y definitva justicia es el perdón

Miguel de Unamuno

Después del perdón son infames los delitos

F. Lope de Vega

La obsolución del culpable es la condena del Juez

Publio Ciro

La clemencia que perdona a los criminales es asesina

W. Shakespeare

El más grande fruto de la justicia es la serenidad del alma

Epicteto

Lo que las leyes no prohíben, puede prohibirlo la honestidad

Lucio Séneca

La ignorancia está menos lejos de la verdad que el perjuicio

Denis Diderot

Una sociedad se embrutece más con el empleo habitual de los castigos que con la repetición de los delitos

Óscar Wilde

Una injusticia hecha a uno sólo, es una amenaza hecha a todos

Montesquieu

Una cosa no es justa por el hecho de ser ley. Debe ser ley porque es justa

Montesquieu

Las leyes guardan silencio cuando suenan las armas

Cicerón

Es de absoluta necesidad decir al abogado toda la verdad franca y claramente, no ocultarle las cosas... para que él las enrede y embrolle sin pérdida de momento

Juan Manzoni

Nadie es más esclavo que el que se tiene por libre sin serlo

Goethe

No se puede separar la paz de la libertad, porque nadie puede estar en paz, a menos que sea libre

Malcon X

El revolucionario no se revela contra los abusos, sino contra los usos

José Ortega y Gasset

Derechos iguales para todos, privilegios especiales para ninguno

Thomas Jefferson

No pudiendo cambiar los hombres, se cambian sin tregua a las instituciones

Jean Lucien Arréat

Es preciso preferir la soberanía de la ley a la de uno de los ciudadanos

Aristóteles

Los cobardes son los que se cobijan bajo las normas

Jean Paul Sartre

La multitud de leyes frecuentemente presta excusas a los vicios

René Descartes

Los delitos deben ser calificados según el daño infligido a la sociedad

Cesare Beccaria

Ganamos justicia más rápidamente si hacemos justicia a la parte contraria

Mahatma Gandhi

Las injurias son las razones de los que no tienen razón

J. J. Rousseau

Un acto de justicia permite cerrar el capítulo; un acto de venganza escribe un capítulo nuevo

Marilyn von Savant

La más antigua de todas las sociedades y la única natuural es la familia

J. J. Rousseau

Cuando los hombres son puros, las leyes son inútiles; cuando son corruptos, las leyes se rompen

Benjamín Disraelí

No se puede separar la paz de la libertad, porque nadie puede estar en paz, a menos que sea libre

Malcolm X

La mentira más común es aquella con la que un hombre se engaña a si mismo. Engañar a los demás es un defecto relativamente vano

Friedrich Nietzsche

Un Estado donde queden impunes la violencia y la libertad de hacerlo todo, termina por hundirse en el abismo

Sófocles

El buen juez no ha de torcer las leyes a su condición, sino torcer su condición conforme a las leyes

Fray Antonio de Guevara

El dolo es la intención más o menos perfecta de hacer un acto que se sabe contrario a la ley

Francisco Carrera

CAPÍTULO XII

GLOSARIO

Acepción: cada uno de los significados distintos de una palabra o una locución.

Acribiología: elección de las palabras para generar precisión en el estilo.

Acrónimo: término constituido por la unión de elementosde dos o más palabras. Ejemplos: OTAN (Organización del Atlántico Norte); MERCOSUR (Mercado Común del Sur); etcétera. Se leen como se escriben.

Adiptongo: encuentro, en una misma palabra, de dos vocales que pertenecen a distintas sílabras; por ejemplo: dí-a.

Aforismo: frase precisa, concisa y lacónico que contiene una verdad incuestionable y profunda.

Alegoría: serie de metáforas para revelar una significación oculta. Es decir, una metáfora continuada. Se refiere, antes que a las cosas sensibles, al mundo de la espiritualidad o abstracto.

Aliteración: consiste en la repetición de una misma letra o sonido en palabras sucesivas de una misma frase o claúsula. A veces, puede tratarse, incluso, de cierta onomatopeya o armonía inmitativa.

Analogía: parte de la gramática que clasifica las palabras de acuerdo con la función que desempeñan.

Anfibología: ambigüedad en la frase por la cual ésta puede prestarse a más de una interpretación.// Vicio de dicción por el cual las palabras o frases pueden tener más de un sentido y generan diversas interpretaciones.

Anglicismo: terminología de la lengua inglesa que se introduce en otra lengua.

Antítesis: contraposición de conceptos.

Apóstrofe: figura retórica que consiste en suprimir la continuidad de la frase, para dirigir la palabra con vehemencia a una persona o cosa personificada.// Signo ortográfico auxiliar en forma de coma alta ('). Su función es señalar gráficamente la supresión de los sonidos.

Arcaísmo: término cuya forma, significado, o ambos a la vez han caído en desuso.

Atriptongo: encuentro, en una misma palabra, de tres vocales que no forman una sola sílaba: cre-í-a.

Barbarismo: cualquier vicio de la palabra que consiste en pronunciar o escribir mal las palabras o en emplear vocablos impropios. La denominación tradicional se refería propiamente al extranjerismo del lenguaje. Por lo tanto, es la voz extranjera que aún no ha sido incorporada en la lengua como préstamo.

Cacofonía: mal sonido que resulta del encuentro de consonantes o vocales fonéticamente idénticas.// Disonancia que emerge de la inarmónica combinación de los elementos acústicos de la palabra.

Cardinales: numerales que expresan cantidad en relación con la serie de números naturales, incluido el cero, que expresa ausencia de cantidad. Por ejemplo: número 15, número cardinal quince; número 2000, número cardinal dos mil uno; femenino: dos mil una; apocopado: dos mil un.

Diéresis o crema: signo que se coloca encima de las vocales en los siguientes casos: 1) para indicar que debe pronunciarse la vocal u en las combinaciones güe y güi. Por ejemplo: pingüino, antigüedad. 2) también se utiliza en textos poéticos en el caso de que la diéresis puede usarse colocada sobre la primera vocal de un posible diptongo, para indicar que no existe.

Diptongo: encuentro de dos vocales en una misma sílaba, pronunciadas en un solo tiempo o emisión de voz. En general los diptongos se dan: a) por el encuentro de una vocal fuerte (a, e, o) con otra débil (i, u) o viceversa; b) por el encuentro de dos vocales débiles distintas: iu o ui, etcétera.

Estilística: ciencia que estudia los hechos de expresión del lenguaje organizado desde el punto de vista de su contenido afectivo.// Es la ciencia, fronteriza entre la literatura y la gramática, que analiza los elementos expresivos del lenguaje, tanto del hablado como del literario.

Estilo: modo propio de cada uno para expresar, mediante la lengua hablada o escrita, lo que siente, lo que piensa o lo que imagina.

Etimología: palabra que proviene del griego *etymos*, verdadero, y *logos*, palabra, estudia los elementos, –raíz y afijos– y la formación de las palabras (por derivación, composición y parasíntesis). También se ocupa del vocabulario. Para algunos estudiosos, es una ciencia que se encarga de estudiar el auténtico significado de las palabras y la evolución que han tenido a lo largo del tiempo.

Filología: actitud del amigo de la palabra; proviene de las raíces de filos y de lógos. El sufijo ia indica conocimiento. Por lo tanto, es el estudio y el conocimiento de las reglas etimológicas, gramaticales, históricas y lexicológicas de una o varias lenguas (Alfonso Torres Lemus).

Fonética: disciplina que se ocupa del estudio de los fenómenos fónicos en su aspecto físico y material.

Fonología: estudia los fenómenos fónicos en su aspecto intencional, como estudio descriptivo de los sonidos. Es el álgebra del sonido, en tanto que la fonética es su aritmética.

Género: característica inherente a los sustantivos por la cual se dividen en femeninos y masculinos. También adoptan el género, mediante la concordancia, los determinantes y los adjetivos que los acompañen o los pronombres que los sustituyan.

Gramática: conjunto de reglas para hablar y escribir correctamente un idioma. Normalmente, estas normas provienen del uso general y de la práctica de intelectuales, estudiosos y relevantes escritores.// Estudio sistemático de los elementos constituidos de una lengua: sonidos (fonética, ortología, métrica, ortografía), formas (morfología), palabras (etimología, semántica), construcciones (sintaxis) y recursos expresivos (estilística).

Guión: trazo horizontal de menor longitud llamado raya (-). Se usa para separar dos elementos que integran una palabra compuesta. Por ejemplo: libro teórico-práctico; actividad agrícola-ganadera. También se utiliza para separar una palabra al final del renglón cuando no cabe en él completa.

Hipérbole: consiste en aumentar o disminuir excesivamente la verdad de lo que se dice para causar mayor impresión en los oyentes.

Hispanismo: giro o vocablo propio de la lengua española.

Homófonos: se dice de dos o más palabras que, significando cosas distintas, suenan de igual modo. Por ejemplo vengo, de venir y vengo, de vengar; casa y caza.

Homógrafos: vocablos que se escriben con las mismas letras; (lira, instrumento músico y lira, moneda).

Ironía: figura intencional del pensamiento que consiste en dar a entender lo contrario de lo que se dice.

Latinismo: término que se utiliza en otra lengua sin perder su forma latina de origen: quórum, superávit, déficit. En español, se deben adecuar a las pautas de acentuación ortográfica.

Lingüística: ciencia general del lenguaje.

Locución: grupo estable de dos o más palabras que funciona como unidad léxica con significado propio, no derivado de la suma de significados de sus componentes *(Diccionario Panhispánico de Dudas)*.

Modismo: ciertas frases o modos de hablar particulares a la lengua de cada nación que, trasladadas a otras, no tienen tanta gracia o aceptación.

Monosílabos: palabras que tienen una sola sílaba. Antes de 1969, todos llevaban tilde. A partir de dicha fecha sólo se coloca la tilde (acento ortográfico) en los que tienen más de un significado y son distintos.

él - el
sí - si
más - mas
tú - tu
té - te
dé - de
mí - mi
sé - se

Neologismo: aunque esta denominación podría aplicarse por su etimología a cualquier innovación idiomática, sea gramatical, léxica o fonética, el uso ha limitado la significación de neologismo a toda palabra nueva que aparece y se consolida en una lengua.

Número: accidente gramatical que expresa, por medio de cierta diferencia en la terminación de las palabras, si éstas se refieren a una sola persona o cosa o a más de una.

Onomatopeya: armonía imitativa obtenida cuando las palabras emitan ruidos o efectos naturales. Es decir, imitación del sonido de una cosa por medio de la palabra. Por ejemplo: cacarear el gallo o la gallina.

Oración: estructura sintáctica constituida por un sujeto y un predicado referida a un juicio o pensamiento expresado con palabras. Sus partes son:

1) Sustantivo: nombra seres o cosas.

2) Artículo: indica si los seres o cosas mencionadas son conocidas o no. Precede al sustantivo.

3) Adjetivo: califica o determina a los seres o cosas.

4) Pronombre: hace las veces de nombre.

5) Verbo: expresa su acción o estado.

6) Adverbio: denota una manera de esta acción o estado. Modifica al verbo o adjetivo.

7) Preposición: sirve para relacionar ideas.

8) Conjuncion: enlaza palabras u oraciones.

9) Interjección: manifiesta sentimientos súbitos.

Ortografía: conjunto de normas que regulan la representación escrita de una lengua. Esta parte de la gramática se ocupa de la escritura correcta de las palabras y del empleo adecuado de los signos de escritura.

Ortología: arte de pronunciar correctamente las palabras. Los elementos o sonidos más simples de la voz humana son las letras. El alfabeto castellano consta de veinticuatro sonidos.

Plagio: apropiación total o parcial de los originales de la obra de otro autor que se presentan como propios.

Pleonasmo: redundancia de palabras que se añaden para dar más rigor a la expresión. Si no cumple esta condición, el pleonasmo es un defecto sintáctico, muy abundante en la lengua familiar y vulgar. Por ejemplo: período de tiempo muy largo.

Prefijo: unidad mínima analizable que se antepone a una palabra o una raíz, a la que le otorga un significado específico: ilegible. En especial, el prefijo "re" expresa repetición pero a su vez puede indicar:

- Retroceso o vuelta hacia atrás: reflejo de la marea.
- Inversión del significado del verbo: ha reprobado el examen.
- Intensificación de la acción: el profesor recalca la más importante.
- Reunión: para cambiar los dirigentes debemos recolectar cien firmas.

Existe una tendencia a formar nuevas palabras con este sufijo, en especial verbos. Si bien es muy comun el vocablo reorientar, el Diccionario de la Real Academia no lo recoge:

Raya: guión largo que se utiliza para servir de apertura y cierre de un enunciado. Por ejemplo: mi hijo –muy estudioso– se graduó de abogado.

Sílaba: una o más letras que se pronuncian en un solo golpe o en una sola emisión. Es el grupo fonético más elemental.

Sufijo: partícula que se añade al final de la raíz para darle a ésta un matiz significativo. Deriva del latín *sub*: debajo de, al final, y *fixus*, puesto.

Triptongo: encuentro de tres vocales que se pronuncian en una sola emisión de la voz: ioi.

Vulgarismo: expresión propia del vulgo o de persona poco instruida. Es la alteración de una palabra en su forma o accidentes.

ANEXO

AFORISMOS LATINOS

A FACTO AD IUS NON DATUR CONSEQUENTIA.
Del hecho al derecho no existe consecuencia.

A IURE SUO NEMO RECEDERE PRAESUMITUR.
Se presume que nadie renuncia a su derecho.

AB OMNI NEGOTIO FRAUS ABESTO.
Que el fraude sea excluido de todo negocio.

AB UTRAQUE PARTE DOLUS COMPENSANDUS.
El dolo de ambas partes debe ser compensado.

ABSENS, SI BONAM CAUSAM HABET, VINCET.
Si su causa es buena, el ausente vencerá.

ABUNDANS CAUTELA NON NOCET.
La cautela que abunda no daña.

ABUSUS NON USUS, SED CORRUPTELA.
El abuso no es uso, sino corruptela.

ACCESORIUM SEQUITUR PRINCIPALE.
Lo accesorio sigue a lo principal.

ACTIO PERSONALIS MORITUR CUM PERSONA.
La acción personal muere con la persona.

ACTIO SEMEL EXTINTA NON REVIVISCIT.
Una vez extinguida, la acción no revive.

ACTORE NON PROBANTE, REUS ABSOLVITUR.
Si el actor no prueba, el reo es absuelto.

AD HOC
Adecuado o a propósito para la ocasión.

AD IMPOSSIBILIA NEMO TENETUR.
Nadie está obligado a hacer cosas imposibles.

AD LIBITUM
A voluntad, a discreción.

ADOPTIO NATURAM IMITATUR.
La adopción imita a la naturaleza.

ADVOCATORUM ERROR LITI-GANTIBUS NON NOCET.
El error de los abogados no daña a los litigantes.

AEQUITAS IN DUBIO PRAEVALET.
En la duda, prevalece la equidad.

AEQUITAS PRAEFERTUR RIGORI.
La equidad es preferible al rigor.

AEQUITAS, RELIGIO IUDICANTIS.
La equidad es la religión del que juzga.

AEQUITAS SEQUITUR LEGEM.
La equidad sigue a la ley.

AESTIMATIO NON FACIT VENDITIONEM.
La estimación no hace la venta.

AFFIRMANTI INCUMBIT PROBATIO.
A quien afirma le incumbe la prueba.

ALIENI SCELERIS POENAM NEMO SENTIAT.
Que nadie soporte la pena de un crimen ajeno.

ALIQUID ESSE ET NON ESSE NON POTEST SIMUL.
Una cosa no puede ser y no ser al mismo tiempo.

ALIUD EST CELARE, ALIUD TACERE.
Una cosa es esconder, otra, callar.

ALIUD EST VENDERE, ALIUD VENDITIONI CONSENTIRE.
Una cosa es vender, otra es consentir la venta.

ALTERI NE FECERIS QUOD TIBI FIERI NON VIS.
No hagas a otro lo que no quieres que te sea hecho.

ALTERIUS CULPA NOBIS NOCERE NON DEBET.
La culpa de otro no debe dañarnos.

APICES IURIS NON SUNT IURA.
Las sutilezas del derecho no son el derecho.

AUCTORIS DOLUS EMPTORI NON OBICITUR.
El dolo del vendedor no se le objeta al comprador.

AUT CEDAT AUT SOLVAT.
O que ceda o que pague.

BEATI POSSIDENTES.
Felices los que poseen.

BEATI QUI IN IURE CENSETUR POSSIDENTIS.
Felices aquellos a quienes se considera poseedores según derecho.

BENEFICIA NON OBTRUDUNTUR.
Los beneficios no se otorgan por la fuerza.

BENEFICIUM LEGIS NON DEBET ESSE CAPTIOSUM.
El beneficio de la ley no debe ser capcioso.

BENIGNIUS LEGES INTERPRETANDAE SUNT.
Las leyes deben interpretarse en forma más benigna.

BIS PECCARE IN BELLO NON LICET.
No es lícito cometer dos veces la misma falta en la guerra.

BIS PECCAT QUI CRIMEN NEGAT.
Delinque dos veces quien niega el delito.

BONA FIDES EXIGIT UT QUOD CONVENIT FIAT.
La buena fe exige que se haga lo que conviene.

BONA FIDES NON PATITUR UT BIS IDEM EXIGATUR.
La buena fe no tolera que dos veces se exija lo mismo.

BONUS IUDEX VARIE EX PERSONIS CAUSISQUE CONSTI-TUET.
El buen juez sentenciará en forma diferente según las personas y las situaciones.

CALUMNIARI EST FALSA CRIMINA INTENDERE.
Calumniar es imputar falsos delitos.

CASUS FORTUITUS A MORA EXCUSAT.
El caso fortuito excusa la mora.

CAUSA CRIMINALIS NON PRAEIUDICAT CIVILIS.
La causa criminal no prejuzga la civil

CAUSA IUDICATA INDIVIDUA EST.
La cosa juzgada es indivisible.

CAUSA REM FACIT DISSIMILEM.
La causa hace que el hecho sea distinto.

CESSANTE CAUSA, CESSAT EFFECTUS.
Al terminar la causa, termina el efecto.

CESSANTE RATIONE LEGIS, CESSAT LEX.
Al desaparecer la justificación de la ley, desaparece la ley.

CIVILIS RATIO NATURALIA IURA CORRUMPERE NON POTEST.
La razón civil no puede destruir los derechos naturales.

CLANDESTINA INIUSTA PRAESUMUNTUR.
Los hechos clandestinos se presumen injustos.

COGITATIONIS POENAM NEMO PATITUR.
Nadie sufre un castigo sólo por pensar algo delictivo.

COITUS MATRIMONIUM NON FACIT, SED MARITALIS AFFECTIO.
No es el coito el que hace el matrimonio, sino el afecto marital.

COMMODUM EIUS ESSE DEBET CUIUS PERICULUM EST.
La ventaja debe ser de quien asume el riesgo.

CONFESSIO ALTERIUS ALII NON PRAEIUDICAT.
La confesión de uno no perjudica al otro.

CONFESSUS PRO IUDICATO EST.
A quien ha confesado se lo considerará juzgado.

CONNEXA HABENTUR PRO UNO.
Las cosas conectadas se consideran una sola.

CONSENTIRE EST IN UNAM EANDEMQUE SENTENTIAM CONCURRERE.
Consentir es convenir en una y la misma resolución.

CONSILIUM HABUISSE NON NOCET NISI ET FACTUM SECUTUM FUERIT.
Haber tenido la intención no perjudica si el hecho no le ha seguido.

CONSUETUDINIS USUSQUE LONGAEVI NON VILIS AUCTORITAS EST.
No es de poco valor la autoridad de la costumbre y el uso continuo.

CONSUETUDO, OPTIMA LEGUM INTERPRES.
La costumbre es la mejor intérprete de las leyes.

CONTRA ACTUM PROTESTATIO NON VALET.
Contra el acto la protesta no tiene valor.

CONTRA LEGEM FACIT QUI ID FACIT QUOD LEX PROHIBET.
Actúa contra la ley quien hace lo que la ley prohíbe.

CONTRA SCRIPTUM TESTIMONIUM NON SCRIPTUM NON FERTUR.
Contra el testimonio escrito no es eficaz el no escrito.

CORRECTORIAE LEGES SUNT STRICTE INTERPRETANDAE.
Las leyes correctoras deben ser interpretadas estrictamente.

CULPA CARET QUI SCIT, SED PROHIBERE NON POTEST.
Carece de culpa quien sabe algo, pero no puede impedirlo.

CUM DE LUCRO DUORUM QUAERATUR, MELIOR EST CAUSA POSSIDENTIS.
Cuando se cuestiona el lucro de dos personas, la mejor causa es la del poseedor.

DA MIHI FACTUM, DABO TIBI IUS.
Dame el hecho, te daré el derecho.

DE MINIMA NON CAVET IUDEX.
Que el juez no se preocupe por las pequeñeces.

DE SUO NON DE ALIENO IURE QUISQUE AGERE OPORTET.
Corresponde que cada uno accione por su propio derecho, no por el ajeno.

DECEPTIS FEMINIS NON DECIPIENTIBUS OPITULATUR.
Se ayuda a las mujeres engañadas no a las que engañan.

DEFUNCTO EO QUI REUS FUIT CRIMINIS ET POENA EXTINCTA EST.
Muerto quien fue reo del delito, también se extinguió la pena.

DELICTA PARENTUM LIBERIS NON NOCENT.
Los delitos de los padres no dañan a los hijos.

DELICTUM ITERATUM GRAVIUS EST.
El delito reiterado es más grave.

DICTA EST INIURIA QUOD FIT NON IURE.
Se llama injuria a lo que se hace contra derecho.

DIFFICILIUS QUI POTEST IDEM ET FACILIUS FACIT.
Quien puede hacer lo difícil también hace lo fácil.

DIFFICULTAS NON VITIAT ACTUS.
La dificultad no vicia el acto.

DISSOLUTA NEGLEGENTIA PROPE DOLUM EST.
La negligencia desordenada está cerca del dolo.

DOLUS EST CONSILIUM ALTERI NOCENDI.
Dolo es la determinación de dañar a otro.

DOLUS NON PRAESUMITUR.
El dolo no se presume.

DOMINIUM INVITO NON ACQUIRITUR.
Contra la voluntad de alguien no se adquiere el dominio.

DURA LEX, SED LEX.
La ley es dura, pero es la ley.

DURA LEX, SED SERVANDA.
La ley es dura, pero debe ser cumplida.

EIUS EST NOLLE QUI POTEST VELLE.
No querer corresponde a quien puede querer.

EIUS SIT ONUS, CUIUS EST EMOLUMENTUM.
La carga sea de aquel para quien es el emolumento.

EMPTIO CONSENSU PERAGITUR.
La compra se perfecciona con el consentimiento.

ERROR FACTI NECDUM FINITO NEGOTIO NEMINI NOCET.
El error de hecho no perjudica a nadie si el negocio aún no ha concluido.

ERRORE VERITAS NON AMITTITUR.
La verdad no se pierde por un error.

ETIAM QUAE FUTURA SUNT LEGARI POSSUNT.
También las cosas futuras pueden ser legadas.

EX DIE INCIPIT OBLIGATIO.
A partir del término comienza la obligación.

EX FACTO IUS ORITUR.
Del hecho nace el derecho.

EXCEPTIO DECLARAT REGULAM.
La excepción muestra la regla.

EXCUSATIO NON PETITA FIT ACCUSATIO MANIFESTA.
La excusación no pedida se convierte en acusación manifiesta.

EXEMPLA DOCENT, NON IUBENT.
Los ejemplos enseñan, no ordenan.

EXHIBERE EST PRAESENTIAM CORPORIS PRAEBERE.
Exhibir es ofrecer la presencia del cuerpo.

EXPEDIT REI PUBLICAE NE QUIS RE SUA MALE UTATUR.
Es de interés público que nadie emplee mal su patrimonio.

EXTINGUITUR CRIMEN MORTALITATE.
El delito se extingue con la muerte.

FACTA NON PRAESUMUNTUR SED PROBANTUR.
Los hechos no se presumen, sino se prueban.

FACTI QUAESTIO EST IN POTESTATE IUDICANTIS.
La interpretación del hecho está en poder del que juzga.

FACTUM NEGANTIS NULLA EST PROBATIO.
El hecho de negar no es ninguna prueba.

FALSA CAUSA NON NOCET.
La causa falsa no daña.

FALSA NOSTRA EXISTIMATIO REI VERITATEM NON MUTAT.
Nuestra falsa estimación no cambia la verdad del hecho.

FALSUS CREDITOR EST IS QUI SE SIMULAT CREDITOREM.
Es un falso acreedor quien se finge acreedor.

FIAT IUSTITIA, PEREAT MUNDUS.
Hágase justicia aunque el mundo muera.

FIDES BONA CONTRARIA EST FRAUDI ET DOLO.
La buena fe es contraria al fraude y al dolo.

FIDES HOSTI SERVANDA EST.
La palabra dada a un enemigo debe ser cumplida.

FINITA VOLUNTATE, FINITUM EST MANDATUM.
Terminada la voluntad, se termina el mandato.

FINITO OFFICIO, CESSANT ONERA OFFICII.
Cuando concluye una obligación, cesan las cargas de la obligación.

FISCUS SEMPER LOCUPLES.
El fisco siempre es rico.

FRAUS OMNIA CORRUMPIT.
El fraude corrompe todas las cosas.

FRUCTUS NON NATURA, SED IURE PERCIPIUNTUR.
Los frutos no se perciben por la naturaleza, sino por el derecho.

FRUCTUS SINE USU ESSE NON POTEST, USUS SINE FRUCTU POTEST.
No puede existir usufructo sin uso, pero puede haber uso sin usufructo.

FUNDAMENTUM IUSTITIAE EST FIDES, ID EST CONSTANTIA ET VERITAS.
El fundamento de la justicia es la buena fe, es decir, la constancia y la verdad.

FUR MANIFESTUS EST QUI DEPREHENDITUR CUM FURTO.
Ladrón manifiesto es quien es aprehendido con el hurto.

FURTUM SINE AFFECTU FURANDI NON COMMITTITUR.
Sin intención de robar no se comete hurto.

GENERALIA GENERALITER INTELLIGENDA.
Las cosas generales deben entenderse en general.

GENUS MASCULINUM COMPLECTITUR ET FEMININUM.
El género masculino comprende también el femenino.

GENUS NUMQUAM PERIT.
El género nunca se extingue.

GRATUITUM ENIM DEBET ESSE COMMODATUM.
El comodato debe ser gratuito.

GRAVE EST FIDEM FALLERE.
Es grave faltar a la confianza de alguien.

HAEC ACTIO EX BONO ET AEQUO INTRODUCTA EST.
Esta acción está expuesta desde lo bueno y lo equitativo.

HEREDITAS PRO PARTE ADIRI NEQUIT.
La herencia no puede ser aceptada en parte.

HEREDITAS VIVENTIS NON DATUR.
No se da herencia de una persona viva.

HOMINUM CAUSA OMNE IUS CONSTITUTUM EST.
Todo derecho ha sido establecido por causa de los hombres.

HOMO EST QUI FUTURUS EST.
Hombre es quien ha de nacer.

HOMO MELIUS SE DEFENDIT CUM VERITATE QUAM CUM IURAMENTO.
El hombre se defiende mejor con la verdad que con el juramento.

HONESTE VIVERE, ALTERUM NON LAEDERE, SUUM CUIQUE TRIBUERE.
Vivir honradamente, no perjudicar al prójimo, dar a cada cual lo suyo.

HONESTUM LUCRUM ILLUD EST PER QUOD NEMO LAEDITUR.
Es un lucro honesto aquel por el cual nadie es herido.

HONESTUM NON EST SEMPER QUOD LICET.
No siempre es honesto lo que es lícito.

HYPOTHECA EST OBLIGATIONIS FILIA.
La hipoteca es hija de la obligación.

IBI SIT POENA UBI ET NOXA EST.
Que haya pena allí donde también hay daño.

ID POSSUM QUOD IURE POSSUM.
Puedo lo que puedo por derecho.

ID SEQUIMUR QUOD ACTUM EST.
Respetamos esto que ha sido realizado.

IGNORANTIA FACTI EXCUSAT.
La ignorancia del hecho exime de culpa.

IGNORANTIA FACTI NON IURIS EXCUSATUR.
Es excusada la ignorancia de hecho no la de derecho.

IGNORANTIA LEGIS NON EXCUSAT.
La ignorancia de la ley no sirve de excusa.

IMPERITIA CULPAE ADNUMERATUR.
La impericia se equipara a la culpa.

IMPOSSIBILIUM NULLA OBLIGATIO EST.
No hay ninguna obligación con respecto a cosas imposibles.

IMPOTENTIA EXCUSAT LEGEM.
La impotencia excusa la ley.

IN AMBIGUIS REBUS HUMANIOREM SENTENTIAM SEQUI OPORTET.
En casos dudosos conviene tomar la decisión más benigna.

IN CLARIS NON FIT INTERPRETATIO.
En relación con las cosas claras no se hace interpretación.

IN DUBIIS, ABSTINE.
En las cosas dudosas, abstente.

IN DUBIIS, REUS EST ABSOLVENDUM.
En las circunstancias dudosas, el reo debe ser absuelto.

IN DUBIO, PRO REO.
En la duda, a favor del acusado.

IN PARI CAUSA MELIOR EST CONDITIO POSSIDENTIS.
En igual causa es mejor la condición del poseedor.

IN PARVULIS NULLA DEPREHENDITUR CULPA.
En los niños no se encuentra ninguna culpa.

IN TOTO ET PARS CONTINETUR.
En el todo también está incluida la parte.

INCERTAM PARTEM POSSIDERE NEMO POTEST.
Nadie puede poseer una parte indeterminada.

INCERTITUDO REI VITIAT ACTUM.
La incertidumbre sobre la cosa vicia el acto.

INIURIA EST OMNE QUOD NON IURE FIT.
Injuria es todo lo que no se hace conforme a derecho.

INTER DUOS LITIGANTES TERTIUS GAUDET.
Entre dos litigantes, un tercero se alegra.

INVITO BENEFICIUM NON DATUR.
No se otorga un beneficio a quien no lo quiere.

INVITUS NEMO COGITUR REM DEFENDERE.
Nadie está obligado a defender una cosa contra su voluntad.

IS DAMNUM DAT QUI IUBET DARI.
El daño lo hace el que manda que se haga.

IUDEX OBLIGATUS EST SI CUM IMPRUDENTIA FECERIT.
El juez es responsable si ha procedido con imprudencia.

IUDICATUM TITULUS EST OPTIMUS.
Lo juzgado es un título óptimo.

IURIS ERROR NULLI PRODEST.
El error de derecho no favorece a nadie.

IURIS EXSECUTIO NON HABET INIURIAM.
El ejercicio de un derecho no causa injuria.

IURIS IGNORANTIA NOCET.
La ignorancia del derecho causa un daño.

IUS EST ARS BONI ET AEQUI.
El derecho es el arte de lo bueno y de lo justo.

IUS ET OBLIGATIO SUNT CORRELATIVA.
El derecho y la obligación son correlativos.

IUS GENTIUM EST QUO GENTES HUMANAE UTUNTUR.
El derecho de gentes es aquel del que hacen uso los pueblos.

IUS NATURALE EST QUOD NATURA OMNIA ANIMALIA DOCUIT.
El derecho natural es el que la naturaleza enseñó a todos los animales.

IUS POSTERIUS DEROGAT PRIORI.
El derecho posterior deroga el anterior.

IUSTITIA EST HABITUS VOLUNTATIS; IURIS PRUDENTIA, HABITUS INTELLECTUS.
La justicia es un hábito de la voluntad; la jurisprudencia lo es del intelecto.

LEGES DEBENT USIBUS HUMANIS ACCOMMODARI.
Las leyes deben acomodarse a los usos comunes.

LEGIBUS SIMILITER OMNE HOMINUM GENUS TENETUR.
Todo el género humano está obligado por las leyes de manera similar.

LEGIS VIRTUS EST IMPERARE, VETARE, PERMITTERE, PUNIRE.
La virtud de la ley es ordenar, vetar, permitir, castigar.

LEX INIUSTA NON EST LEX.
La ley injusta no es ley.

LEX NON COGITAT AD IMPOSSIBILIA.
La ley no obliga a las cosas imposibles.

LEX NON OBLIGAT NISI PROMULGATA.
La ley no obliga hasta que no está promulgada.

LEX POSTERIOR DEROGAT PRIORI.
La ley posterior deroga la anterior.

LEX SEMPER LOQUITUR.
La ley siempre habla.

LIBERTAS OMNIBUS REBUS FAVORABILIOR EST.
La libertad es más digna de favor que todas las demás cosas.

LITE PENDENTE, NIHIL INNOVETUR.
Estando pendiente el juicio, que nada sea innovado.

LOCUS REGIT ACTUM.
El lugar donde se celebra rige el acto.

LONGO SILENTIO RES HABETUR PRO DERELICTA.
Después de un largo silencio la cosa se considera abandonada.

MAGNA DIFFICULTAS IMPOSSIBILITATI AEQUIPARATUR.
Una gran dificultad es equiparable a la imposibilidad.

MAIOR CASUS EST CUI HUMANA INFIRMITAS RESISTERE NON POTEST.

Es fuerza mayor aquella que la debilidad humana no puede resistir.

MAIOR PARS TRAHIT MINOREM.

La parte mayor arrastra a la menor.

MALAE FIDEI EMPTIO IRRITA EST.

La compra de mala fe es nula.

MALITIA CRESCENTE ET POENA CRESCERE DEBET.

Con la malicia creciente también debe crecer la pena.

MALITIIS NON EST INDULGENDUM.

No hay que ser indulgente con las cosas malignas.

MALUS USUS EST ABOLENDUM.

El mal uso tiene que ser abolido.

MANDATOR CAEDIS PRO HOMICIDA HABETUR.

El que ordena una muerte es considerado homicida.

MANDATUM SOLVITUR MORTE.

El mandato es disuelto por la muerte.

MANIFESTA NON EGENT PROBATIONEM.

Las cosas manifiestas no necesitan la prueba.

MATERNA IURA NON POSSUNT ABOLERI.

Los derechos maternos no pueden ser abolidos.

MELIUS EST SENSUS MAGIS QUAM VERBA AMPLECTI.

Es mejor ceñirse al sentido que a las palabras.

MENSURA IURIS EST UTILITAS.
La medida del derecho es la utilidad.

MINUS PETENDO NULLA FIT INIURIA REO.
Pidiendo menos no se causa ninguna injuria al reo.

MODICA CIRCUNSTANTIA FACTI IUS VARIAT.
La menor circunstancia de hecho hace variar el derecho.

MORA EST INIUSTA DILATIO IN ADIMPLENDA OBLIGATIONE.
La mora es una dilación injustificada en el cumplimiento de una obligación.

MULTUM LUCRANTUR QUI A LITE DISCENDUNT.
Ganan mucho quienes se apartan de un litigio.

MUTATA FORMA PROPE INTEREMIT SUBSTANTIAM REI.
La forma cambiada casi destruye la sustancia de la cosa.

NATURALIS ORDO PER OMNIA CONSERVANDUS EST.
El orden natural debe ser conservado a través de todas las cosas.

NE AUDITIS CONDEMNETUR.
Que no se condene a alguien de oídas.

NECESSITAS CARET LEGE.
La necesidad carece de ley.

NECESSITAS FACIT LICITUM QUOD NON EST LICITUM IN LEGE.
La necesidad hace lícito lo que no es lícito según la ley.

NECESSITATIS TEMPORE SILENT PRIVILEGIA.
En momentos de necesidad, los privilegios guardan silencio.

NEGANTIS NULLA EST PROBATIO.
No hay ninguna prueba del que niega.

NEGLEGENTIA NON PRAESUMITUR.
La negligencia no se presume.

NEMINEM LAEDIT QUI SUO IURE UTITUR.
No hiere a nadie quien hace uso de su derecho.

NEMINI DOLUS SUUS PRODESSE DEBET.
A nadie debe aprovecharle su propio dolo.

NEMINI LICET IGNORARE IUS.
Para nadie es lícito ignorar el derecho.

NEMINI OFFICIUM SUUM DAMNOSUM ESSE DEBET.
Para nadie debe ser perjudicial cumplir su deber.

NEMINI SUA LIBERALITAS DAMNOSA ESSE DEBET.
A nadie debe causar daño su liberalidad.

NEMO ALIENUM FACTUM PROMITTENDO OBLIGATUR.
Nadie se obliga prometiendo un hecho ajeno.

NEMO DAT QUOD NON HABET.
Nadie da lo que no tiene.

NEMO DE DOMO SUA EXTRAHI DEBET.
Nadie debe ser arrancado de su casa por la fuerza.

NEMO DEBET LUCRARI EX ALIENO DAMNO.
Nadie debe lucrar con el perjuicio ajeno.

NEMO EX CONSILIO OBLIGATUR.
Nadie se obliga mediante un consejo.

NEMO EX DELICTO LOCUPLETARI DEBET.
Nadie debe enriquecerse por medio de un delito.

NEMO INAUDITUS CONDEMNETUR.
Que no se condene a nadie sin ser oído.

NEMO INVITUS COMPELLITUR AD COMMUNIONEM.
Nadie puede estar obligado a poseer en común con otros.

NEMO INVITUS DONAT.
Nadie dona contra su voluntad.

NEMO IUDEX IN CAUSA PROPRIA.
Nadie es juez en su propia causa.

NEMO IUS PUBLICUM REMITTERE DEBET.
Nadie debe renunciar al derecho público.

NEMO PLUS IURIS AD ALIUM TRANSFERRE POTEST QUAM IPSE HABERET.
Nadie puede transmitir a otro más derecho que el que él mismo tuviere.

NEMO POTEST IGNORARE LEGES.
Nadie puede ignorar las leyes.

NEMO PRAESUMITUR MALUS NISI PROBETUR.
Nadie debe ser considerado malo si no se prueba que lo es.

NIHIL COMMUNE HABET PROPRIETAS CUM POSSESSIONE.
No tiene nada en común la propiedad con la posesión.

NIHIL PRIUS FIDE.
Nada antes que la confianza.

NIHIL PROBAT QUI NIMIUM PROBAT.
Nada prueba quien prueba demasiado.

NON CONSENTIT QUI ERRAT.
No consiente quien se equivoca.

NON EXEMPLIS SED LEGIBUS IUDICANDUM EST.
No hay que juzgar por los ejemplos, sino de acuerdo con las leyes.

NON OMNE QUOD LICET HONESTUM EST.
No todo lo que es lícito es honesto.

NON SUNT FACIENDA MALA UT VENIAT BONA.
No deben hacerse cosas malas para alcanzar las buenas.

NOTORIA NON EGENT PROBATIONE.
Los hechos notorios no requieren prueba.

NOVISSIMA VOLUNTAS SERVATUR.
Es respetada la última voluntad.

NULLA ACTIO SINE LEGE.
No hay ninguna acción sin ley.

NULLA MORA UBI NULLA PETITIO.
No hay ninguna mora donde no hay reclamo.

NULLA POENA SINE LEGE PREVIA.
No hay pena sin ley previa.

NULLA VOLUNTAS ERRANTIS EST.
Es nula la voluntad del que se equivoca.

NULLUS VIDETUR DOLO FACERE QUI SUO IURE UTITUR.
Quien hace uso de su derecho no puede ser considerado culpable de dolo.

OBEDIENTIA NON PRAESUMITUR CONSENSU.
La obediencia no se presume por el consenso.

OBLIGATIO, SEMEL EXTINCTA, NON REVIVISCIT.
La obligación, una vez extinguida, no renace.

OMNE QUOD NON IURE FIT INIURIA FIERI DICITUR.
Todo lo que no se hace de acuerdo con el derecho se dice que se hace con injuria.

OMNIA PROBAT QUOD NON SINGULA.
El conjunto de todas las cosas prueba lo que no prueba cada cosa.

OMNIS DEFINITIO IN IURE PERICULOSA EST.
Toda definición es peligrosa en derecho.

OMNIS QUI DEFENDITUR BONI VIRI ARBITRATU DEFENDENDUS EST.
Todo aquel que es defendido debe serlo de acuerdo con el arbitrio de un hombre recto.

ONUS PROBANDI INCUMBIT ACTORI.
La carga de probar le incumbe al actor.

PACTA LEGEM CONTRACTUI DANT.
Los pactos dan fuerza de ley al contrato.

PACTA SUNT SERVANDA.
Los pactos deben ser cumplidos.

PATRIA POTESTAS IN PIETATE DEBET, NON ATROCITATE CONSISTERE.
La patria potestad debe fundarse en la piedad, no en la crueldad.

PECCATA SUOS TENEANT AUCTORES.
Que los crímenes obliguen a sus autores.

PENDENTE APPELLATIONE NIHIL INNOVETUR.
Estando pendiente la apelación, nada puede innovarse.

PERMISSUM VIDETUR ID OMNE QUOD NON PROHIBITUM.
Parece permitido todo aquello que no está prohibido.

PESSIMA TEMPORA, PLURIMAE LEGES.
En los peores tiempos se dictan más leyes.

PLUS ACTUM QUAM SCRIPTUM VALET.
Es más válido lo hecho que lo escrito.

PLUS IN RE EST QUAM IN EXISTIMATIONE MENTIS.
Existe más validez en el hecho real que en el juicio de la mente.

POENA REI IMPOSSIBILIS NON COMMITTITUR.
No se aplica castigo por algo imposible.

POSSIDENTES EXCEPTIONEM, NON POSSIDENTES ACTIONEM HABENT.
Los que poseen tienen excepción, los que no poseen tienen acción.

POSSIDERI POSSUNT QUAE SUNT CORPORALIA.
Se puede poseer las cosas corpóreas.

PRAESUMPTIO EST CONIECTURA SEU ADIVINATIO.
La presunción es conjetura o adivinación.

PRETIUM CERTUM ESSE DEBET.
El precio debe ser fijo.

PUBLICUM IUS EST QUOD AD STATUM REI ROMANAE SPECTAT, PRIVATUM QUOD AD SINGULORUM UTILITATEM.
El derecho público es el que atañe al Estado romano, el derecho privado, al interés de los particulares.

QUAE PLUS DAMNI QUAM UTILITATIS AFFERUNT, INTER BONA NON ADNUMERANTUR.
Las cosas que traen más daño que provecho no deben contarse entre los bienes.

QUALE EST CUM PETITUR TALE DARI DEBET.
La cosa tiene que ser dada tal como está cuando es reclamada.

QUAESTUS INTELLIGITUR QUI EX OPERA CUIUS DESCENDIT.
Se entiende por ganancia la que proviene del trabajo de cada uno.

QUI ACCUSARE VOLUNT PROBATIONES HABERE DEBENT.
Aquellos que quieren acusar deben tener las pruebas.

QUI HABET COMMODA FERRE DEBET ONERA.
Quien tiene los beneficios debe soportar las cargas.

QUI INTELLEGIT ALIENUM SE POSSIDERE MALA FIDE POSSIDET.
Quien reconoce que posee algo ajeno posee de mala fe.

QUI IURE SUO UTITUR NEMINEM LAEDIT.

Quien hace uso de su derecho no hiere a nadie.

QUI LOQUI POTEST CREDITUR ET STIPULARI ET PROMITTERE RECTE POSSE.

Se cree que quien puede hablar no sólo puede estipular, sino también prometer correctamente.

QUI OCCASIONEM PRAESTAT DAMNUM FECISSE VIDETUR.

Quien provoca la ocasión es como si hubiera causado el daño.

QUI TACET CONSENTIRE VIDETUR.

Quien calla parece otorgar.

QUIDQUID ENUNTIATUR, AUT VERUM EST, AUT FALSUM.

Todo lo que se dice o es verdadero o es falso.

QUIDQUID RECIPITUR AD MODUM RECIPIENTIS RECIPITUR.

Lo que se recibe es recibido según el modo de ser de aquel que recibe.

QUOD AD IUS NATURALE ATTINET OMNES HOMINES AEQUALES SUNT.

En lo atinente al derecho natural todos los hombres son iguales.

QUOD DATUR PERSONIS CUM PERSONIS AMITTITUR.

Lo que se da a las personas con las personas se extingue.

QUOD DIVINI IURIS EST ID NULLIUS IN BONIS EST.

Lo que pertenece al derecho divino no está en los bienes de nadie.

QUOD FACTUM EST INFECTUM MANERE IMPOSSIBILE EST.

Lo que ha sido hecho es imposible que no esté hecho.

QUOD IMPOSSIBILE EST NEQUE PACTO NEQUE STIPULATIONE POTEST COMPREHENDI.

Lo que es imposible no puede estar incluido ni en un pacto ni en una estipulación.

QUOD INITIO VITIOSUM EST NON POTEST TRACTU TEMPORIS CONVALESCERE.

Lo que es defectuoso desde un comienzo no puede ser convalidado por el transcurso del tiempo.

QUOD NULLIUS EST ID RATIONE NATURALI OCCUPANTI CONCEDITUR.

Lo que no pertenece a nadie es otorgado por derecho natural al ocupante.

QUOD NULLUM EST NULLUM PRODUCIT EFFECTUM.

Lo que es nulo no provoca un efecto.

QUOD OMNES TANGIT AB OMNIBUS DEBET APPROBARI.

Lo que concierne a todos debe ser aprobado por todos.

QUOD TIBI FIERI NON VIS ALTERI NE FECERIS.

No hagas al otro lo que no quieres que te hagan a ti.

RE EXTINCTA, PIGNUS PERIT.

Al extinguirse la cosa, se extingue la prenda.

REI MUTATIONE INTERIT USUSFRUCTUS.

Con el cambio de la cosa perece el usufructo.

REMUNERARE SOLVERE EST, NON DONARE.

Remunerar es pagar, no donar.

REPROBA PECUNIA NON LIBERAT SOLVENTEM.
La moneda falsa no libera al que paga sus deudas.

RERUM INHONESTARUM NULLA EST SOCIETAS.
Resulta nula la sociedad de hechos deshonestos.

RES IUDICATA PRO VERITATE ACCIPITUR.
La cosa juzgada es admitida como verdad.

RES NULLIUS FIT PRIMI OCCUPANTIS.
La cosa que no es de nadie pertenece al primer ocupante.

RES SACRA NON RECIPIT AESTIMATIONEM.
La cosa sagrada no recibe tasación.

RES, UBICUMQUE SIT, PRO DOMINO SUO CLAMAT.
La cosa, dondequiera que esté, clama por su dueño.

ROMA LOCUTA, CAUSA FINITA.
Roma ha hablado, la causa ha terminado.

SALUS POPULI SUPREMA LEX ESTO.
La salud del pueblo sea la suprema ley.

SCIENS NON FRAUDATUR.
Quien sabe no es engañado.

SCIENTI ET CONSENTIENTI NON FIT INIURIA.
No hay injuria para el que sabe y consiente.

SEMEL HERES, SEMPER HERES.
El que una vez es heredero siempre será heredero.

SEMPER IN DUBIIS BENIGNIORA PRAEFERENDA SUNT.

En los casos dudosos siempre hay que preferir las decisiones más benignas.

SEMPER IN OBSCURIS QUOD MINIMUM EST SEQUIMUR.

En los casos oscuros siempre hay que preferir el mínimo efecto.

SEMPER MORAM FUR FACERE VIDETUR.

El ladrón siempre parece estar en mora.

SEMPER NECESSITAS PROBANDI INCUMBIT ILLI QUI AGIT.

Siempre la necesidad de probar incumbe a aquel que acciona.

SI QUID INVENISTI ET NON REDDIDISTI, RAPUISTI.

Si encontraste algo y no lo devolviste, robaste.

SI QUIS REM ALIQUAM VOVERIT, VOTO OBLIGATUR.

Si alguien ha prometido algo, está obligado por la promesa.

SILENTIO FIT RATIHABITIO.

Con el silencio se ratifica.

SIMULATAE NUPTIAE NULLIUS MOMENTI SUNT.

Las nupcias simuladas son nulas.

SINE PRETIO NULLA VENDITIO EST.

Sin precio no existe venta alguna.

SINE SCRIPTURIS VALET QUOD ACTUM EST SI HABEAT PROBATIONEM.

Es válido lo que se contrató sin escrituras si es posible probarlo.

SOCIETAS AUT MANDATUM FLAGITIOSAE REI NULLAS VIRES HABET.
La sociedad o el mandato de realizar una cosa mala no tiene ningún valor.

SOCII MEI SOCIUS MEUS SOCIUS NON EST.
El socio de mi socio no es mi socio.

SOLA COGITATIO FURTI FACIENDI NON FACIT FUREM.
Sólo el pensamiento de cometer un hurto no es un hurto.

SOLVE ET REPETE.
Pague y luego reclame.

SPECIES LUCRI EST EX ALIENO LARGIRI.
Es una especie de lucro ser generoso a expensas de otro.

SUB LEGE, LIBERTAS.
Bajo la ley, la libertad.

SUBLATA CAUSA, TOLLITUR EFFECTUS.
Eliminada la causa, desaparece el efecto.

SUFFICIT FURIOSUM IPSO FURORE PUNIRI.
Es suficiente con que el loco esté castigado por su propia locura.

SUI GENERIS
De su género o especie, es decir, singular o peculiar.

SUMMUM IUS, SUMMA INIURIA.
El derecho más estricto es la suma injusticia.

SUPERFLUUM NO EST QUOD AD DECLARATIONEM PONITUR.
No es superfluo lo que se añade para declarar.

SUPREMA VOLUNTAS POTIOR HABETUR.
La última voluntad prevalece.

TABULAE NON FACIUNT MATRIMONIUM.
Los documentos no bastan para constituir un matrimonio.

TEMPUS NON EST MODUS CONSTITUENDI VEL DISSOLVENDI IURIS.
El tiempo no es modo de constituir ni de destruir el derecho.

TESTIS IDONEUS PATER FILIO AUT FILIUS PATRI NON EST.
El padre no es un testigo idóneo para el hijo, ni el hijo lo es para el padre.

TESTIS NON EST IUDICARE.
Juzgar no corresponde al testigo.

TESTIS UNUS, TESTIS NULLUS.
Un solo testigo es ningún testigo.

TOLLITUR OMNIS OBLIGATIO SOLUTIONE EIUS QUOD DEBETUR.
Se extingue toda obligación con el pago de aquello que se debe.

TRANSACTIO EST TIMOR LITIS.
La transacción es el temor al litigio.

TUTELA LUCRUM TUTORI ESSE NON DEBET.
La tutela no debe constituirse en lucro para el tutor.

TUTOR DATUR PERSONAE, CURATOR DATUR REI.
Se nombra tutor para la persona, curador, para la cosa.

TUTOR INCERTUS DARI NON POTEST.
No es posible nombrar un tutor indeterminado.

UBI EADEM RATIO, IBI IDEM IUS.
Donde hay una misma justificación, allí debe aplicarse el mismo principio jurídico.

UBI LEX NON DISTINGUIT, NEC NOS DISTINGUERE DEBEMUS.
Donde la ley no distingue, nosotros no debemos distinguir.

UBI NON EST IUSTITIA, IBI NON POTEST ESSE IUS.
Donde no hay justicia, allí no puede haber derecho.

UBI PERICULUM IBI ET LUCRUM COLLOCETUR.
Donde hay riesgo también hay que poner allí la posibilidad de ganancia.

UBI PUGNANTIA INTER SE IN TESTAMENTO IUBERENTUR, NEUTRUM RATUM EST.
Cuando en un testamento se establecieran disposiciones que se contradicen, no es válida ninguna de ellas.

UBI REM MEAM INVENIO, IBI VINDICO.
Donde encuentro lo que me pertenece, allí lo reivindico.

UBI SOCIETAS, IBI IUS.
Donde está la sociedad, allí está el derecho.

UBI VERBA NON SUNT AMBIGUA NON EST LOCUS INTERPRETATIONIS.
Cuando las palabras no son ambiguas, no hay lugar para la interpretación.

UBICUMQUE SIT RES, PRO DOMINO SUO CLAMAT.
Dondequiera que se encuentre una cosa, clama por su dueño.

VANI TIMORIS JUSTA EXCUSATIO NON EST.
No es justa la excusa de un temor inmotivado.

VENDITOR NON TENETUR CASU FORTUITO.
El vendedor no responde por el caso fortuito.

VERBA VOLANT, SCRIPTA MANENT.
Las palabras vuelan, los escritos perduran.

VERITAS RERUM ERRORIBUS GESTARUM NON VITIATUR.
La verdad de las cosas no debe invalidarse por los errores cometidos en la práctica.

VOLENTI NON FIT INIURIA.
Para el que consiente no hay injuria.

VOLUNTAS, ETIAMSI COACTA, TAMEN VOLUNTAS EST.
La voluntad, aunque coaccionada, no obstante es voluntad.

VOLUNTATES HOMINUM AUDIRE VOLUMUS, NON IUBERE.
Queremos oír las voluntades de los hombres, no ordenar.

VOX POPULI, VOX DEI.
La voz del pueblo es la voz de Dios.

VOX UNIUS, VOX NULLIUS.
La voz de uno es la voz de nadie.

Printed in Dunstable, United Kingdom

91220095R00127